W0234265

Josh McDowell

Die Tatsache der Auferstehung

Memra-Verlag, Neuwied

Proclama-Bücher

haben klaren, wegweisenden Inhalt
bieten Lebenshilfe und Unterhaltung
wurden sorgfältig ausgewählt
können Sie unbedenklich verschenken

© 1984 der deutschen Ausgabe: Memra-Verlag GmbH, Neuwied
© 1981 der amerikanischen Ausgabe: Campus Crusade for Christ, Inc.
Originaltitel:»The Resurrection Factor«, Here's Life Publishers, Inc.,
         San Bernardino, CA, USA
Alle Rechte vorbehalten, auch die der auszugsweisen Wiedergabe und Fotokopie.
Übersetzung: Klaudia Limper
Umschlaggrafik: Peter Mildes
Umschlaggestaltung: Walter Schröder
Satz: Memra-Verlag, Neuwied
Druck: Schönbach-Druck, Erzhausen
Printed in Germany

ISBN 3-8149-4004-0

INHALT

DER KAMPF

Warum versetzen drei einfache Fragen die Zuhörerschaft fast jeder Universität der Welt in furchtsames Schweigen? Es geschieht jedesmal, wenn ich frage:»Wer sind Sie? Warum sind Sie hier? Wohin gehen Sie?«

DIE SUCHE BEGINNT

Als Student konnte ich diese Fragen ebenfalls nicht beantworten. Vielleicht können Sie es auch nicht. Aber ich wollte eine Antwort darauf finden. Wie alle Menschen wollte ich einen Sinn für mein Leben erkennen. Ich wollte glücklich sein. Ich wollte der glücklichste Mensch auf der Erde sein. Und was sollte an meinem Wunsch falsch sein, solange mein Glück nicht auf Kosten anderer ging?

Glück

Vor nicht allzulanger Zeit fuhr ich mit einem Freund zusammen in Newport Beach, Kalifornien, auf dem Motorrad. Wir unterhielten uns, lachten und hatten viel Spaß miteinander. Ich genieße das Leben. Wenn ich meinem Arzt Glauben schenken darf, ist das auch einer der Gründe, warum ich niemals Magengeschwüre haben werde. Ich lache viel und sage offen und ehrlich, was ich denke.

Als wir so dahinfuhren, bemerkten wir zwei junge Frauen in einem neuen Sportwagen auf der Spur neben uns. Bei einer Geschwindigkeit von 30 km/h schauten sie ständig zu uns herüber. Schließlich drehte die Dame auf dem Beifahrersitz ihr Fenster herunter und fragte in einem fast vorwurfsvollen Ton:»Welches Recht haben Sie eigentlich, so glücklich zu sein?« Ehe wir ihr antworten konnten, drehte sie das Fenster wieder hoch, und sie fuhren davon. Die Antwort auf ihre Frage ist einfach: Ich will glücklich sein, und ich habe die Quelle der Freude gefunden.

Freiheit

Noch wichtiger ist es für mich, frei zu sein. Ich will einer der freiesten Menschen der Welt sein. Freiheit bedeutet für mich nicht, alles tun zu dürfen, was mir in den Sinn kommt. — Das kann jeder. Und viele Leute tun es. — Freiheit bedeutet für mich, die Kraft zu besitzen, das zu tun, von dem ich weiß, daß ich es tun sollte. Nach dieser Definition sind die meisten Menschen nicht frei. Sie wissen zwar, was sie tun sollten, aber sie haben nicht die Kraft, es zu realisieren. Sie sind in Knechtschaft — unfrei! Und als Student war ich es auch.

Religion

Ich begann, ernsthaft nach Antworten zu suchen. Es schien mir, daß fast jeder Mensch irgendeiner Religion angehört. Also ging ich in die Kirche — morgens, mittags und abends. Aber ich mußte wohl die falsche Kirche gewählt haben, denn ich fühlte mich drinnen elender als draußen.

Als praktischer Mensch lasse ich alles sausen, was nicht im Alltag anwendbar ist. Und so ließ ich die Religion fallen. Alles, was ich der Religion jemals abgewann, waren die 25 Cents, die ich in den Opferkorb legte — und die 35 Cents, die ich wieder für einen Milchshake herausnahm. Das ist mehr, als die meisten Leute jemals von der Religion zu erhoffen haben, redete ich mir selbst ein.

Ansehen

Ich begann zu überlegen, ob Ansehen die Antwort auf die Sinnfrage des Lebens sein könnte. Vielleicht wäre es richtig, Führer einer Gruppe zu werden, mich einer Sache anzunehmen, mich ihr zu widmen, bekannt zu werden.

An der ersten Universität, die ich besuchte, hielten die Studentenführer die Zügel fest in der Hand und machten ihren Einfluß geltend. So kandidierte ich als Präsident der Erstsemester und wurde gewählt. Ich genoß es, Entscheidungen treffen zu können, das Geld der Studenten und der Universität ausgeben zu dürfen, um Redner zu engagieren, die ich gerne hören wollte. Jeder auf dem Campus kannte mich, und jeder begrüßte mich mit einem anerkennenden „Hi, Josh!" Aber wie alles andere, das ich vorher bereits versucht hatte, verlor es schnell an Glanz.

Montags morgens wachte ich gewöhnlich mit Kopfschmerzen von der vorausgegangenen Nacht auf, und meine ganze Motivation für die bevorstehende Woche war: »Also, wieder mal fünf fürchterliche Tage.« Ich ertrug den Montag nur durch den Ausblick auf den Freitag. Das ganze Glück bestand aus drei Nächten: Freitag, Samstag, Sonntag. Es war ein Teufelskreis.

Frustration

Ich führte sie alle an der Nase herum. Jeder an der Universität hielt mich für einen der sorglosesten Burschen. Der Slogan auf meinen Wahlkampfbuttons lautete: „Happiness Is Josh!" Mit Studentengeldern veranstaltete ich mehr Parties als irgend jemand zuvor. Aber mein Glück war wie das so vieler anderer Leute: es hing von meiner jeweiligen Situation ab. Wenn alles gutging, fühlte ich mich großartig. Wenn die Dinge lausig liefen, fühlte ich mich auch lausig.

Ich war wie ein Boot auf dem Ozean, von den Wellen der Umstände hin- und hergeworfen. Alle um mich herum lebten auf dieselbe Weise. Die Fakultät konnte mir zwar erklären, wie ich meinen Lebensunterhalt besser verdienen konnte, aber sie konnte mir nicht sagen, wie ich besser leben konnte. Jeder konnte mir sagen, was ich tun sollte, aber niemand war in der Lage, mir die Kraft, die Fähigkeit, zu geben, es auch zu tun. Die Frustration begann, mich zu quälen.

DER KAMPF GEHT WEITER

Nur wenige Menschen an Universitäten und Colleges haben jemals ernsthafter als ich versucht, Sinn, Wahrheit und ein Ziel im Leben zu finden. Was ich auch unternahm, diese Werte blieben für mich unerreichbar; sie entzogen sich mir.

In dieser Zeit fiel mir eine kleine Gruppe von Menschen an der Universität auf — acht Studenten und zwei Mitglieder der Fakultät. Irgend etwas in ihrem Leben war anders. Sie schienen zu wissen, *warum* sie glaubten, was sie glaubten.

Ich mag es, mit solchen Menschen zusammen zu sein. Es macht mir nichts aus, wenn die Leute nicht immer meiner Meinung entsprechen. Einige meiner engsten Freunde sind gegen manche Dinge, für die ich entschieden eintrete. Aber ich bewundere einen Menschen, der eine feste Überzeugung hat. — Vielleicht, weil es nur so wenige davon gibt. Im Gegensatz zu den meisten anderen Studenten schienen die Menschen in dieser kleinen Gruppe zu wissen, wohin sie gingen.

Gelebte Liebe

Diese Leute *sprachen* nicht einfach nur über Liebe. Sie *handelten* auch danach. Sie schienen über den Gegebenheiten des Universitätslebens zu stehen, während alle anderen diesen Gegebenheiten offenbar unterlagen. Dann bemerkte ich auch ihr Glücklichsein. Sie schienen eine ständige innere Quelle der Freude zu besitzen. Sie waren schon fast ,,unverschämt'' glücklich. Offensichtlich hatten sie etwas, was mir fehlte.

Mir ging es wie jedem durchschnittlichen Studenten: wenn jemand etwas besaß, was ich nicht hatte, wollte ich es auch haben. Deshalb muß man auch sein Fahrrad auf dem Collegegelände abschließen. Jemand könnte es haben wollen. Wenn Erziehung wirklich *die* Antwort wäre, müßte eine Universität die moralisch aufrechteste Gemeinschaft überhaupt sein. Aber sie ist es nicht.

Ich wollte besitzen, was ich sah, und so beschloß ich, mich mit diesen interessanten Leuten anzufreunden.

Zwei Wochen später saßen wir alle versammelt um einen Tisch im Aufenthaltsraum: sechs Studenten und zwei Mitglieder der Fakultät. Das Gespräch kam auf Gott. Wenn man verunsichert ist, und ein Gespräch beginnt, sich auf Gott zu konzentrieren, neigt man dazu, große Worte zu führen. Auf jedem Campus, in jeder Gemeinschaft, in jedem Büro gibt es immer ein ,,Großmaul'', jemand der sagt: »Ach, Christentum, ha, ha! Das ist etwas für Schwachköpfe, das ist nicht intellektuell.« Gewöhnlich ist es so: Je größer das Maul, um so größer die Unsicherheit.

Die Herausforderung

Das Gespräch beunruhigte mich. Schließlich sah ich zu einer der Studentinnen hinüber, einer gutaussehenden Frau — ich dachte, alle Christen seien häßlich. In meinen Stuhl zurückgelehnt — die anderen sollten mein starkes Interesse nicht bemerken — sagte ich:»Erzähl' du mir mal, was dein Leben verändert hat! Warum unterscheidet es sich so von dem der anderen Studenten, der Führer auf dem Campus, der Professoren?«
Die junge Frau muß eine sehr starke Überzeugung besessen haben. Sie sah mir geradewegs in die Augen, und mit einem kleinen Lächeln sagte sie zwei Worte, die ich niemals in einer Universität zu hören erwartet hätte:
»Jesus Christus«, sagte sie.
»Um Himmels willen, komm mir nur nicht mit diesem Unsinn über Religion«, sagte ich.
Sie schoß zurück:»Mann! Ich sagte nicht Religion, ich sagte Jesus Christus.« Sie wies damit auf etwas hin, das ich nie gewußt hatte: Christentum ist keine Religion. Religion kann man definieren als den Versuch des Menschen, seinen Weg zu Gott durch gute Werke zu finden. Im Christentum dagegen kommt Gott durch Jesus Christus zu den Menschen und bietet ihnen eine Verbindung zu ihm an. Wahrscheinlich gibt es an den Universitäten mehr Leute mit einer falschen Vorstellung vom Christentum als sonst irgendwo in der Gesellschaft. Kürzlich traf ich in einem Oberseminar einen Assistenten, der bemerkte:»Jeder, der in eine Kirche geht, wird ein Christ.« —»Werden Sie denn auch ein Auto, wenn Sie in eine Garage gehen?« fragte ich zurück. Das hat nichts miteinander zu tun. Christ wird man nur, wenn man sein Vertrauen auf Christus setzt.
Meine neuen Freunde forderten mich auf, die Behauptung, daß Jesus Christus Gottes Sohn ist, intellektuell zu überprüfen; daß er menschliche Gestalt annahm und unter wirklichen Männern und Frauen lebte; daß er am Kreuz für die Sünden der Menschheit starb; daß er begraben wurde und drei Tage später wieder auferstand und daß er das Leben eines Menschen im 20. Jahrhundert verändern kann.

Intellektueller Selbstmord

Ich hielt das für eine Farce. Ich war der festen Meinung, die meisten

Christen seien wandelnde Idioten. Ich war einigen von ihnen begegnet. Ich wartete nur darauf, daß ein Christ im Hörsaal das Wort ergriff, um dem Professor zuvorzukommen und ihn auseinanderzunehmen. Ich dachte, wenn ein Christ auch nur eine Hirnzelle hätte, müßte sie vor Einsamkeit sterben. Ich hatte damals vom Christsein keine Ahnung.

Diese Leute forderten mich immer und immer wieder heraus. Schließlich ging ich darauf ein. Aber ich tat es aus Stolz, um ihre Aussagen zu widerlegen. Ich wußte nicht, daß es Beweismaterial gibt, das man mit dem Verstand beurteilen kann.

Nach umfangreichen Untersuchungen und Nachforschungen kam mein Verstand schließlich zu dem Ergebnis, daß Jesus Christus der gewesen sein muß, der er zu sein behauptet hatte.

Mein Versuch, das Christentum zu widerlegen, wurde zum Hintergrund für meine ersten beiden Bücher. Als ich es nicht widerlegen konnte, wurde ich am Ende selber zum Christen. Ich habe jetzt 13 Jahre damit verbracht, zu dokumentieren, warum ich überzeugt bin, daß der Glaube an Jesus Christus den intellektuellen Ansprüchen standhalten kann. Eine der entscheidenden Fragen bei meinem Versuch, das Christentum ad absurdum zu führen, konzentrierte sich auf die Auferstehung Jesu Christi.

Ein Student der Universität von Uruguay fragte mich: »Professor McDowell, warum können Sie das Christentum nicht intellektuell widerlegen?«

»Aus einem ganz einfachen Grund«, antwortete ich. »Ich kann ein Ereignis der Geschichte nicht wegerklären.«

Nachdem ich dieses Thema mehr als 1000 Stunden lang studiert und dessen Grundlagen eingehend erforscht hatte, sah ich mich zu der Schlußfolgerung gezwungen, daß die Auferstehung Jesu Christi entweder einer der gottlosesten und bösartigsten Schwindel ist, der dem menschlichen Geist jemals zugemutet wurde, oder sie ist die großartigste Tatsache der Geschichte. Sie ist entweder die größte Täuschung oder das größte Wunder, von dem die Geschichte berichtet.

Die entscheidende Frage

Das Problem der Auferstehung entfernt die Frage „Ist das Christentum wahr?" aus dem Bereich der Philosophie und macht sie zwingend zu einer Frage der Geschichte.

Hat das Christentum eine historisch akzeptable Basis? Existieren ausreichende Beweise, um den Glauben an die Auferstehung zu rechtfertigen?

Einige der Tatsachen, die für die Auseinandersetzung mit der Auferstehung Bedeutung haben, sind folgende: Jesus von Nazareth, ein jüdischer Prophet, behauptete, der Christus zu sein, der in den jüdischen Schriften angekündigt worden war. Er wurde gefangengenommen, als politischer Verbrecher verurteilt und gekreuzigt. Drei Tage nach seinem Tod und Begräbnis gingen einige Frauen zu seinem Grab und stellten fest, daß der Leichnam verschwunden war. Seine Jünger behaupteten, daß Gott ihn von den Toten auferweckt habe und daß er ihnen mehrmals erschienen sei, bevor er in den Himmel auffuhr.

Von dieser Grundlage aus verbreitete sich das Christentum im gesamten Römischen Reich und hat in all den vergangenen Jahrhunderten großen Einfluß ausgeübt.

Hat die Auferstehung tatsächlich stattgefunden? War das Grab Jesu wirklich leer? Die Kontroverse über diese Frage hält noch heute an.

Zusammenfassung

Im College war ich ein Studentenführer. Ich war aber, wie jeder Mensch, auf einer frustrierenden Suche nach der wahren Quelle des Glücks und der Freiheit. Ich begegnete einer kleinen Gruppe von Studenten und Professoren, die behaupteten, daß Jesus ihr Leben verändert habe. Ich hörte nur deshalb zu, weil sie die Liebe auch lebten, von der sie sprachen. Als Skeptiker akzeptierte ich ihre Herausforderung, die Behauptungen verstandesmäßig zu untersuchen, daß Jesus Christus Gottes Sohn ist, daß er begraben wurde und drei Tage später wieder auferstand und daß er das Leben eines Menschen im 20. Jahrhundert verändern kann.

Überraschenderweise konnte ich das Christentum nicht widerlegen, da ich ein entscheidendes Ereignis der Geschichte nicht ausklammern konnte — die Auferstehung Jesu Christi. Ich wurde überzeugter Christ. Dieses Buch dokumentiert, was ich in mehr als 1000 Stunden des Studiums dieser kontroversen Frage entdeckt habe.

NEUN KLARE BEOBACHTUNGEN

Bei meinem Versuch, das Christentum zu widerlegen, machte ich neun klare Beobachtungen zur Auferstehung, die mir vorher vollkommen unbewußt waren.

BEOBACHTUNG 1 — Zeugnis der Geschichte

Vor meinen Forschungen über die Auferstehung war mir niemals bewußt geworden, daß es so viele positive historische, literarische und juristische Fakten gibt, die ihre Glaubwürdigkeit unterstützen.

Fachmann für römische Geschichte

Professor Thomas Arnold, 14 Jahre lang Rektor von Rugby, Autor der dreibändigen ,,Geschichte Roms'' und Lehrstuhlinhaber für Neue Geschichte in Oxford, war mit dem Wert von Beweisen zur Bestimmung historischer Fakten wohl vertraut.

Dieser große Gelehrte sagte:»Ich bin es seit vielen Jahren gewohnt, die Geschichte früherer Zeiten zu studieren und die Berichte derer zu untersuchen und zu bewerten, die darüber geschrieben haben, und ich kenne keine Tatsache in der Geschichte der Menschheit, die bei einer fairen Untersuchung durch bessere und vollständigere Belege aller Art bewiesen wird, als das große Zeichen, das Gott uns gegeben hat, nämlich, daß Christus starb und wieder von den Toten auferstand.«

Textkritik

Brooke Foss Wescott, ein englischer Wissenschaftler, sagte:»Wenn man alle Zeugnisse zusammennimmt, ist es nicht übertrieben, zu sagen, daß kein historisches Ereignis durch mehr oder verschiedenartigere Beweise gestützt wird als die Auferstehung Christi. Nichts anderes als die vorgefaßte Meinung, sie müsse falsch sein, konnte die vermessene Idee hervorbringen, es gäbe einen Mangel an Beweismaterial.«

Professor für Alte Geschichte

Dr. Paul L. Maier, Professor für Alte Geschichte an der Western Michigan Universität, kam zu dem Ergebnis:»Wenn man alle Zeugnisse sorgfältig und fair abwägt, ist es nach den Gesetzen der historischen Forschung tatsächlich gerechtfertigt zu schließen, daß das Grab, in dem Jesus bestattet war, am Morgen des ersten Ostertages wirklich leer war. Nicht die Spur eines Beweises ist bisher in den literarischen Quellen, Inschriften oder in der Archäologie gefunden worden, die diese Feststellung widerlegen könnte.«

Oberrichter

Lord Caldecote, Oberrichter von England, schrieb:»Der Anfang meines Glaubens gründete auf das, was nach meiner Meinung in der Bibel enthüllt wurde. Besonders als ich zum Neuen Testament kam, schienen mir die Evangelien und die anderen Schriften der Männer, die Freunde Jesu gewesen waren, einen überwältigenden Beweis darzustellen — einfach ein genaues Zeugnis der Tatsachen, die darin festgestellt wurden. Je näher ich dem wichtigsten Test für die Behauptungen Jesu Christi kam, nämlich seine Auferstehung, und so oft ich die Zeugnisse untersuchte, haben sie mich zu der festen Überzeugung geführt, daß es sich fraglos um eine Tatsache handelt.«

Juristische Autorität

Ein Mann, der große Erfahrung im Umgang mit Beweismitteln hatte, war Dr. Simaon Greenleaf, Professor für Jura an der Havard Universität. Greenleaf verfaßte ein berühmtes dreibändiges Werk mit dem Titel „A Treatise on the Law of Evidence" (Eine Abhandlung über das

Gesetz der Beweisführung), das immer noch als eine der größten Einzelautoritäten zu diesem Thema in der gesamten Literatur über Prozeßverfahren gilt.

Greenleaf untersuchte den Wert der historischen Zeugnisse für die Auferstehung Jesu Christi, um die Wahrheit zu ermitteln. Er wandte die Prinzipien an, die sein dreibändiges Werk über Beweisführung enthält. Seine Ergebnisse wurden in seinem Buch ,,An Examination of the Testimony of the Four Evangelists by the Rules of Evidence Administered in the Courts of Justice" (Eine Untersuchung der Zeugnisse der vier Evangelisten nach den Beweisregeln, wie sie vor Gericht gehandhabt werden) festgehalten.

Greenleaf kam zu der Feststellung, daß nach den Gesetzen der Beweisführung, wie sie vor Gericht angewandt werden, mehr Beweise für die historische Tatsache der Auferstehung Jesu Christi existieren als für jedes andere Ereignis in der Geschichte.

Kronanwalt

Der Engländer John Singleton Copley, besser bekannt als Lord Lyndhurst, ist als einer der größten Juristen der britischen Geschichte anerkannt. Er war zweiter Kronanwalt der britischen Regierung, Kronanwalt von Großbritannien, dreimal Großkanzler von England und wurde zum Großhofmeister der Universität Cambridge gewählt. Damit hatte er die höchsten Ämter inne, die jemals ein Richter in Großbritannien in seiner Lebenszeit auf sich vereinen konnte.

Nach Copleys Tod fand man in seinen persönlichen Unterlagen seine Kommentare hinsichtlich der Auferstehung im Licht juristischer Beweisführung und auch eine Begründung, warum er Christ geworden war: »Ich weiß sehr gut, was ein Beweis ist; und ich versichere Ihnen, eine solche Beweisführung wie die für die Auferstehung ist noch niemals zusammengebrochen.«

Der Oberrichter von England, Lord Darling, sagte einmal, daß »kein vernünftiges Gericht der Welt zu einer anderen Entscheidung kommen könnte, als daß die Geschichte von der Auferstehung wahr ist.«

Rationalistischer Rechtsanwalt

Dr. Frank Morrison, ein Rechtsanwalt, der in einer rationalistischen

Umgebung aufgewachsen war, kam zu der Überzeugung, daß die Auferstehung nichts weiter sei als das märchenhafte Happy End, das die unvergleichliche Geschichte von Jesus einfach verlangte. Er glaubte, es sich selbst und anderen schuldig zu sein, ein Buch zu schreiben, das die Wahrheit über Jesus enthielt und die mythische Geschichte von der Auferstehung zerstreute.

Als er jedoch die Tatsachen überprüfte, kam auch er zu einem anderen Ergebnis. Das pure Gewicht der Beweise zwang ihn zu der Erkenntnis, daß Jesus tatsächlich von den Toten auferstanden ist. Morrison schrieb sein Buch — aber nicht so, wie er es geplant hatte. Es trägt den Titel ,,Who Moved the Stone?'' (Wer bewegte den Stein?). Das erste Kapitel trägt bezeichnenderweise die Überschrift: ,,Das Buch, das sich weigerte, geschrieben zu werden.''

Literarisches Genie

Der Gelehrte C.S. Lewis, früher Professor für englische Literatur des Mittelalters und der Renaissance an der Universität Cambridge, wies in seinem Bericht über seinen Übertritt zum Christentum darauf hin, daß er geglaubt hatte, die Christen seien im Unrecht. Das letzte, was Lewis wollte, war, das Christentum zu akzeptieren. Er schrieb:»Im Frühjahr 1926 saß mir der hartgesottenste Atheist, den ich kannte, in meinem Zimmer am Kamin gegenüber und bemerkte, die Beweise für die historische Wahrheit der Evangelien sei überraschend gut. ,,Seltsame Sache'', fuhr er fort, ,,nach all dem Gerede Frazers über den sterbenden Gott. Seltsame Sache! Es sieht fast so aus, als ob es wirklich einmal geschehen wäre.''

Um die erschütternde Wirkung dieser Aussage auf mich zu verstehen, müßten Sie den Mann kennen, der bisher niemals irgendein Interesse am Christentum gezeigt hatte. Wenn er, der zynischste der Zyniker, der härteste der Harten, nicht ,,sicher'' war, wohin konnte ich mich dann noch wenden? Gab es denn kein Entkommen?«

Nachdem Lewis Grundlagen und Beweise des Christentums abgewägt hatte, stellte er fest, daß es in den anderen Religionen»keinen so historischen Anspruch gibt wie im Christentum.« Seine Kenntnis der Literatur führte ihn zwangsweise dazu, die Evangelien als glaubhaften Bericht anzusehen.»Ich war inzwischen in der Literaturkritik zu erfahren, um die Evangelien als Mythen zu betrachten.«

Schließlich mußte Professor Lewis seine stark ablehnende Haltung zum Christentum aufgeben und eine vernünftige Entscheidung treffen: »Sie müssen sich vorstellen, wie ich Nacht für Nacht allein in meinem Zimmer in Magdalen saß. Sobald sich mein Geist auch nur eine Sekunde von meiner konzentrierten Arbeit entfernte, fühlte ich die ständige hartnäckige Annäherung dessen, dem ich nicht begegnen wollte. Was ich so sehr gefürchtet hatte, geschah am Ende mit mir. Im Sommersemester 1929 gab ich auf und gestand mir ein, daß Gott Gott war, kniete nieder und betete. In jener Nacht war ich wahrscheinlich der niedergeschlagenste und widerstrebendste Bekehrte in ganz England.«

Einer der Hauptgründe, warum ich dieses Buch schreibe, ist es, die historischen Beweise vorzulegen, die diese Männer und zahllose andere entdeckten, als sie mit der Feststellung konfrontiert wurde, daß »am dritten Tag das Grab leer war«.

BEOBACHTUNG 2 — Vorhersage der Auferstehung

Christus sagte voraus, daß er am dritten Tag auferstehen werde. Seine Aussagen werden in allen vier Evangelien bestätigt. Als Jesus nach Jerusalem ging, nahm er die zwölf Jünger zur Seite und sagte ihnen: »Seht, wir gehen nach Jerusalem. Und des Menschen Sohn wird dem Tod überantwortet werden. Sie werden ihn dem Spott der Heiden ausliefern und ihn geißeln und kreuzigen lassen. Und am dritten Tag wird er auferstehen.«

Markus berichtet in seinem Evangelium: »Und er hob an, sie zu lehren: Des Menschen Sohn muß viel leiden und verworfen werden von den Ältesten und Hohenpriestern und Schriftgelehrten und getötet werden und nach drei Tagen auferstehen.«

Johannes bestätigt das: »Jesus antwortete und sprach zu ihnen: ,,Brechet diesen Tempel ab, und in drei Tagen will ich ihn aufrichten.‘‘ Da sprachen die Juden: ,,Dieser Tempel ist in sechsundvierzig Jahren erbaut, und du willst ihn in drei Tagen aufrichten?‘‘ Er aber redete von dem Tempel seines Leibes.«

BEOBACHTUNG 3 — Historische Basis

Die historische Tatsache der Auferstehung ist die eigentliche Basis für die Echtheit des Christentums. Um es auf einen Nenner zu bringen: die

Auferstehung Jesu Christi und das Christentum stehen und fallen gemeinsam. Das eine kann ohne das andere nicht existieren.

Kein Christentum ohne Auferstehung

Der Apostel Paulus unterstrich diesen Punkt, als er schrieb:»Gibt es aber keine Auferstehung der Toten, so ist auch Christus nicht auferstanden. Ist aber Christus nicht auferstanden, so ist unsere Predigt vergeblich, so ist auch euer Glaube vergeblich. Wir würden aber auch erfunden als falsche Zeugen Gottes, weil wir wider Gott gezeugt hätten, er habe Christus auferweckt, den er nicht auferweckt hätte, wenn doch die Toten nicht auferstehen. Denn wenn die Toten nicht auferstehen, so ist Christus auch nicht auferstanden. Ist Christus aber nicht auferstanden, so ist euer Glaube nichtig, so seid ihr noch in euren Sünden.«

Dr. J.N.D. Anderson, Professor für Orientalisches Recht und Direktor des „Institute of Advanced Legal Studies" an der Universität London, schloß seine Nachforschungen über die Auferstehung ab mit der Aussage:»Es ist unmöglich, daß jemand das Neue Testament zum ersten Mal liest und dabei nicht den überwältigenden Eindruck gewinnt, daß er hier eine Glaubensgrundlage vorfindet, die fest in einigen angeblich historischen Ereignissen wurzelt. Es ist ein Glaube, der falsch und irreführend wäre, wenn diese Ereignisse nicht wirklich stattgefunden hätten, aber der — wenn sie stattgefunden haben — einmalig in seiner Bedeutung und ausschließlich in seiner Forderung nach unserer Gefolgschaft ist.«

Das Neue Testament geht noch einen Schritt weiter und lehrt, daß gerade die Auferstehung glaubhaft bezeugt, daß Jesus der Sohn Gottes ist.

Die Auferstehung war so entscheidend, daß Jesus bereit war, auf diese Möglichkeit hin alles zu riskieren.

Selbst Dr. David Friedrick Strauss, ein ungläubiger Skeptiker, der alles Übernatürliche in den Evangelien heftig kritisiert hat, war gezwungen, anzuerkennen, daß die Auferstehung»der Prüfstein, nicht nur für das Leben Jesu, sondern für das gesamte Christentum« ist. Sie »berührt das Christentum in seinem Innersten« und ist»entscheidend für die gesamte Betrachtung des Christentums.«

Zu sagen, daß Jesus eine starke Betonung auf seine Auferstehung legte, ist nur ein schwacher Ausdruck.

Ein verwirrter Hindu

Alles, was Jesus Christus lehrte, wofür er lebte und starb, war abhängig von seiner Auferstehung. Anhängern anderer Religionen fällt es besonders schwer, diese Betonung zu verstehen. Fast alle anderen Religionen basieren auf theologischen Ansprüchen oder einer Ideologie, nicht aber auf der historischen Tatsache der Identität ihres Gründers oder einem Ereignis in Zeit und Raum. Die Abhängigkeit des christlichen Glaubens von der Geschichte ist für viele Hindus fast unglaublich. Leslie Newbigin berichtet vom Erstaunen eines Ramakrishna-Missionslehrers. Dieser gläubige und gebildete Hindu war von der Behauptung eines Christen verblüfft, daß sein christlicher Glaube auf »der grundlegenden historischen Wahrheit des Berichtes über Jesus im Neuen Testament« beruhe.

Der Hindu, der das Christentum nicht verstand, hielt es für »unumstößlich, daß solch wesentliche Angelegenheiten religiöser Wahrheit nicht von den Zufällen der Geschichte abhängen durften. Wenn die Wahrheiten, die Jesus verkörperte und lehrte, wahr sind, dann sind sie immer und überall wahr.«

BEOBACHTUNG 4 — Intelligenter Glaube

Meine vierte Beobachtung hinsichtlich des Christentums war eine ziemliche Überraschung. Es war mir oft unterschwellig in den Sinn gekommen, daß die Christen einem blinden, unwissenden Glauben folgten. H.L. Mencken gab meiner früheren Einstellung zum christlichen Glauben am besten Ausdruck, als er sagte:»Glauben kann man kurz definieren als die unlogische Überzeugung vom Vorhandensein des Unwahrscheinlichen.«

Je mehr ich den historisch-biblischen christlichen Glauben studierte, um so deutlicher erkannte ich, daß es sich um einen ,,intelligenten Glauben" handelt. Wenn jemand in den Schriften aufgefordert wurde, zu glauben, war damit immer ein wissender Glaube gemeint. Jesus sagte:»Ihr werdet die Wahrheit erkennen, und die Wahrheit wird euch frei machen.«

Ein Schriftgelehrter fragte Jesus:»Welches ist das vornehmste Gebot im Gesetz?« Jesus antwortete:»Du sollst lieben Gott, deinen Herrn, von ganzem Herzen, von ganzer Seele und von ganzem Gemüte.«Niemals wird jemand aufgefordert, geistigen Selbstmord zu begehen, indem er Christus als Erlöser und Herrn vertraut. Stattdessen wird der Gläubige angewiesen, bereit zu sein, immer eine Antwort zu geben — eine vernünftige Antwort — auf die Frage, warum er glaubt. Dr. George Eldon Ladd bemerkt, daß »Glauben keinen Sprung in die Dunkelheit bedeutet, keine irrationale Leichtgläubigkeit, keine Überzeugung gegen den Augenschein und gegen den Verstand. Er bedeutet Überzeugung im Licht historischer Fakten, in Übereinstimmung mit dem Augenschein, auf der Grundlage von Zeugenaussagen.«

BEOBACHTUNG 5 — Die Möglichkeit von Wundern

Wenn man die Tatsache der Auferstehung historisch untersuchen will, müssen zunächst die Vorurteile beseitigt werden, die alles Übernatürliche und alle Wunder ausschließen.

Es gibt eine Einstellung, die wiederholt auftaucht, wenn man die Geschichte untersucht. Es ist etwas, das ich den „Hume-Katzenjammer" nenne. Es ist das Argument Humes, daß der Glaube durch die Wahrscheinlichkeit gerechtfertigt werden kann und daß die Wahrscheinlichkeit wiederum auf der Gleichförmigkeit und Folgerichtigkeit der Natur beruhe. Mit anderen Worten: es ist richtig, nur den Dingen Glauben zu schenken, die den gewöhnlichen menschlichen Erfahrungen entsprechen. Alles, was im Hinblick auf die normale menschliche Erfahrung *einmalig* ist — wie ein Wunder — sollte verworfen werden.

Zum Beispiel, was ist wahrscheinlicher: Die Zeugen der Auferstehung Jesu haben sich geirrt, oder Jesus ist von den Toten auferstanden?

Gemäß Humes „moderner wissenschaftlicher Einstellung" ist die Antwort offensichtlich, weil Wunder einfach nicht geschehen können.

Eine natürliche Erklärung

Eine andere Möglichkeit, diese vorgefaßte Meinung hinsichtlich der Geschichte auszudrücken, ist, daß wir in einem geschlossenen Universum leben, in das kein Element des Übernatürlichen eindringen kann. Mit anderen Worten, jedes Ereignis, ob vergangen, gegenwärtig oder zukünftig, muß eine natürliche Erklärung haben. Das schließt die Einwirkung des Übernatürlichen vollkommen aus, gleichgültig was geschieht oder wie stark der Beweis ist. Diese Einstellung verlangt, daß das Übernatürliche oder Wunderbare zurückzuweisen ist, selbst gegenden Augenschein.

Ein Philosoph zieht Schlüsse

Ich erhielt eine Einladung als Gastlektor für eine Philosophieklasse. Der Professor war auch Leiter dieses Faches. Nachdem ich literarische und historische Beweise für die Göttlichkeit Christi vorgelegt hatte, begann der Professor, mich mit Fragen und Vorwürfen hinsichtlich der Auferstehung zu bombardieren. Nach ungefähr zehn Minuten unterbrach uns ein Student und stellte dem Professor eine sehr verständige Frage:»Was glauben Sie, geschah am ersten Ostertag?«

Der Professor sah mich an, dann wieder den Studenten:»Ich weiß nicht, was geschah«, sagte er vorsichtig. Doch ehe der Student sich dazu äußern konnte, fügte er hinzu:»Aber es war keine Auferstehung!«

»Sind Sie zu diesem Ergebnis gelangt, weil Sie die historischen Fakten untersucht haben?« wollte der Student wissen.

Die Antwort lautete:»Nein! Sie beruht auf meiner philosophischen Meinung.«

An einer anderen großen Universität übergaben einige Studenten dem Vorsitzenden der historischen Abteilung mein erstes Buch ,,Evidence That Demands a Verdict" zur Beurteilung. Nach mehreren Monaten besuchte einer der Studenten den Vorsitzenden und fragte ihn nach seiner Meinung dazu.

»Es enthält einige der schlüssigsten historischen Argumente für das Christentum, die ich je gelesen habe«, antwortete der Professor.

Dann fügte er hinzu:»Aber ich komme nicht zu dem gleichen Resultat wie Mr. McDowell.«

»Warum?« fragte der Student erstaunt.

»Weil meine philosophische Meinung dagegen spricht«, erhielt er zur Antwort.

Es gab keinen Mangel an Beweisen. Der Schluß wurde jedoch gegen sie gezogen.

Die Grenzen Humes

Dr. Lawrence Burkholder, Vorsitzender des ,,Department of the Church" an der Harvard Divinity School gesteht, daß sein Zugang zur

22

Geschichte stark durch Humes Argument beeinflußt worden war, nämlich daß etwas Wahres mit der Gleichförmigkeit der Natur übereinstimmen müsse. Nachdem er jedoch erkannte, daß jedes historische Ereignis in gewisser Weise und in einem gewissen Maße einmalig ist, bekannte er:»Ich beginne, die Grenzen Humes zu erahnen.«

Dr. Burkholder sagt, daß Humes Argument gegen Wunder»die Möglichkeit begrenzt, ein Ereignis zu akzeptieren, das von mir später als Tatsache erkannt wird. Diese Theorie besagt, daß ich nichts glauben kann, das sich nicht mit früheren Erfahrungen deckt. Aber ich stelle fest, daß ich mich mehr und mehr weigere, Prognosen zu erstellen. Ich stelle fest, daß ich immer vorsichtiger werde, wenn es darum geht, zu beurteilen, was möglich ist und was nicht möglich ist. Diese Vorsicht erstreckt sich auf die Beurteilung der Vergangenheit, wenn ein zurückliegendes Ereignis als Realität anzuerkennen ist oder nicht.«

Professor Burkholder fügt hinzu:»Ich meine, das Recht zu besitzen, wenigstens für die Möglichkeit offen zu sein, daß ein Ereignis eingetreten sein mag, das wir in Analogie zu oben Gesagtem als Auferstehung bezeichnen.«

Professor Clark Pinnock spricht von einem Vertrauen in Humes Methodenlehre und der Notwendigkeit, *alle* historischen Ereignisse zu naturalisieren. Er weist darauf hin, daß»die Erfahrung gegen Wunder nur dann einheitlich ist, wenn wir wissen, daß alle Berichte über Wunder falsch sind. Das wissen wir jedoch nicht. Niemand hat ein so unfehlbares Wissen von den Naturgesetzen, daß er von vornherein die bloße Möglichkeit von einmaligen Ereignissen ausschließen kann. Die Wissenschaft kann uns sagen, was geschehen *ist*, aber sie kann uns nicht sagen, was geschehen *kann* oder *nicht* geschehen *kann*. Sie beobachtet Ereignisse; sie schafft sie nicht. Der Historiker schreibt nicht vor, was die Geschichte enthalten kann; er ist offen für alles, was die Zeugen berichten. Eine Berufung auf Hume läßt Unkenntnis der Geschichte erkennen.«

Dr. Wolfhart Pannenberg von der Universität München fügt hinzu: »Die Frage, ob etwas zu einer bestimmten Zeit, vor einigen tausend Jahren geschehen ist oder nicht, kann nur anhand historischer Untersuchungen festgestellt werden.«

Historische Forschung notwendig

Dr. John Warwick Montgomery schreibt über diejenigen, die noch immer das geschlossene System verteidigen, d.h. alle Ereignisse müssen eine natürliche Erklärung haben, und erklärt:»Seit Einstein hat niemand mehr das Recht, aufgrund seiner Kenntnis der Naturgesetze die Möglichkeit von Ereignissen auszuschließen. Unsere einzige Chance zu erfahren, ob ein Ereignis eintreten *kann*, ist die Überprüfung, ob es tatsächlich eingetreten *ist*. Das Problem der Wunder muß daher im Bereich historischer Nachforschungen gelöst werden und nicht im Bereich philosophischer Spekulationen.«

Mit dem Ende des Newton'schen Zeitalters müssen wir Raum lassen für das Unvorhersagbare, das unerwartete und unberechenbare Element im Universum.

Dr. Vincent Taylor, ein prominenter Kritiker des Neuen Testaments, warnt vor zu großem Dogmatismus. Hinsichtlich der Grenzen der Wissenschaft bei der Beurteilung des *Wunderbaren* schreibt er:»In den letzten 50 Jahren sind wir zu oft durch Entdeckungen verblüfft worden, die vorher als unmöglich bezeichnet worden waren. Wir haben die Spaltung des Atoms erlebt, und wir haben Wissenschaftler, die das Universum eher für einen großen Gedanken als für eine große Maschine halten. Diese Änderung des Blickwinkels beglaubigt natürlich nicht das Übernatürliche; aber sie deutet darauf hin, daß unter den richtigen Bedingungen Wunder nicht unmöglich sind. Kein wissenschaftliches oder philosophisches Dogma steht dem im Wege.«

Der Franzose Ernest Renan leugnete die Auferstehung Jesu Christi. Er gesteht, seine Nachforschungen über das Leben Christi unter der Voraussetzung begonnen zu haben:»Es gibt so etwas wie Wunder nicht. Daher hat die Auferstehung nicht stattgefunden.« Eine solche Einstellung würde vor einem Gerichtshof niemals toleriert werden. Renans Schlußfolgerung über die Auferstehung Christi basierte *nicht* auf einer historischen Untersuchung, sondern auf philosophischer Spekulation.

Diese Gesinnung gleicht der eines Mannes, der sagte:»Ich habe meine Entscheidung getroffen — verwirren mich jetzt nicht mit Tatsachen!«

BEOBACHTUNG 6 — Tatsache, nicht Legende

Eine weitere Überraschung für mich war, daß die Anhänger Christi den Unterschied zwischen Tatsache und Legende, zwischen Realität und Phantasie kannten. Jahrelang hatte ich den Vorwurf gehört, daß zur Zeit Jesu die Menschen dazu neigten, an Mythen zu glauben. Der Kritiker Rudolf Bultmann wollte uns glauben machen, daß die Zeitgenossen Jesu naiv und primitiv waren. Doch die Forschung hat festgestellt, daß der Mensch des 1. Jahrhunderts längst nicht so naiv war, wie oft angenommen wird.

Der Apostel Petrus rief aus:»Denn wir sind nicht klugen Fabeln gefolgt, als wir euch kundgetan haben die Kraft und das Kommen unsers Herrn Jesus Christus; sondern wir haben seine Herrlichkeit selber gesehen.« Und der Apostel Paulus warnte die Menschen, nicht achtzuhaben»auf die Fabeln und Geschlechtsregister, die kein Ende haben.«

Obwohl die Menschen im 1. Jahrhundert kein so großes Wissen vom Universum und den Naturgesetzen besaßen, wie wir heute, wußten sie, daß Blinde gewöhnlich blind bleiben. Daher waren sie auch so erstaunt, als Jesus den Blinden heilte.

»Vom Anbeginn der Welt«, sagten sie,»hat man nicht gehört, daß jemand einem Blindgeborenen die Augen aufgetan habe.«

Sie wußten auch, daß *Tote dazu neigen, tot zu bleiben.* Wie Paulus auf dem Marshügel in Athen behandelt wurde, zeigt, daß es dem Menschen der alten Welt ebenso schwerfiel, an die Auferstehung zu glauben, wie heute.

Dann war da Thomas, genannt der ,,ungläubige Thomas''. Er sagte etwa:»Schließlich wird nicht jeden Tag jemand von den Toten erweckt. Ich brauche ein paar Beweise.« Er sagte ausdrücklich:»Wenn ich nicht in seinen Händen die Spuren der Nägel sehe und meinen Finger an die Stellen der Nägel legen kann und meine Hand an seine Seite, dann glaube ich nicht.«

Wenig später sagte Jesus zu Thomas:»Strecke deinen Finger aus und sieh meine Hände; und strecke deine Hand aus und lege sie an meine Seite; und sei nicht ungläubig, sondern gläubig!«

Thomas antwortete:»Mein Herr und mein Gott!«

BEOBACHTUNG 7 — Wissenschaftliche Methode nicht anwendbar

Viele Leute sind der Ansicht, daß nichts als wahr gelten kann, was nicht wissenschaftlich beweisbar ist. Wenn ich im Hörsaal einer Universität von den historischen Aspekten der Auferstehung spreche, werde ich ständig mit der Frage konfrontiert:»Können Sie das wissenschaftlich nachweisen?« Ich antworte sofort: »Nein!« Die moderne wissenschaftliche Methode läßt sich nicht anwenden, wenn es um die Erforschung der Ereignisse um Tod, Begräbnis und Auferstehung Jesu Christi geht. Die Wissenschaft ist unfähig, sie zu ergründen.

Beobachtung durch Wiederholung

Ein wissenschaftlicher Beweis besteht darin, zu zeigen, daß etwas eine Tatsache ist, indem man das Geschehen in Gegenwart der Person wiederholt, die die Tatsache in Frage stellt. Es wird eine kontrollierbare Umgebung hergestellt. Es werden Beobachtungen angestellt, Daten aufgezeichnet und Hypothesen empirisch nachvollzogen.

Die »wissenschaftliche Methode ist verbunden mit dem Messen von Phänomenen, Experimenten und wiederholter Beobachtung.« Dr. James B. Conant, ehemaliger Präsident von Harvard, schreibt: »Wissenschaft ist eine untereinander verbundene Reihe von Begriffen und Methoden, die sich als Ergebnis von Experimenten und Beobachtungen entwickelt haben.«

Das ,,Basic Dictionary of Science" (Grundwörterbuch der Wissenschaft) beschreibt wissenschaftliche Kenntnis als »Wissen, das auf der Beobachtung und Überprüfung von Tatsachen beruht.« Die ,,Harper Encyclopedia of Science" (Harper Enzyklopädie der Wissenschaft) beschreibt die wissenschaftliche Methode als »Techniken kontrollierter Beobachtung, angewandt auf der Suche nach Wissen.«

Wissenschaft ist begrenzt

Die wichtigste Voraussetzung der Wissenschaft ist, in der Lage zu sein, durch fortgesetzte Beobachtungen bei der Überprüfung einer Hypothese Daten zu sammeln. Daher ist die ,,moderne wissenschaftliche" Methode nur auf wiederholbare Ereignisse und Tatsachen angewiesen. Als einzigartiges Geschehen in der Geschichte liegt damit die Auferstehung Jesu Christi außerhalb des Bereiches wissenschaftlicher Forschung. Die Unmöglichkeit einer Wiederholung in kontrollierter Umgebung macht die Schlüsseltechnik der wissenschaftlichen Methode nicht anwendbar. In meinem Buch ,,More Than a Carpenter" (Mehr als ein Zimmermann) erläutere ich den Unterschied zwischen der wissenschaftlichen und der juristischen Methode in der Wahrheitsfindung.

BEOBACHTUNG 8 — Historische Kriterien

Die Auferstehung Christi muß nach denselben Kriterien untersucht werden wie jedes andere vergangene Ereignis der Geschichte. Der Glaube der frühen Kirche gründete sich auf Tatsachen. Zum Beispiel sagten die Anhänger Christi, daß er sich ihnen ,,in mancherlei Erweisungen'' lebendig gezeigt habe. Lukas benutzte das Wort *tekmerion*. Das bezeichnet einen ,,nachprüfbaren Beweis''.

Es wurde mir klar, daß meine Nachforschungen die historischen Kriterien einschließen mußten, wenn ich entdecken wollte, was wirklich an jenem ersten Ostern geschah.

Ausreichende Beweise notwendig

Wir leben in einer Welt, die angemessene Beweise für den Glauben verlangt. Es ist die Verpflichtung dieses Buches, diese Beweise für die Auferstehung vorzulegen.

Wolfhart Pannenberg ist Professor für systematische Theologie an der Universität München. Er hat sich vorwiegend mit Fragen des Zusammenhangs zwischen Glauben und Geschichte befaßt. Dieser brillante Gelehrte sagt:»Ob die Auferstehung Jesu stattgefunden hat oder nicht, ist eine historische Frage, und die historische Frage ist an diesem Punkt unausweichlich. Daher muß die Frage auf der Ebene historischer Untersuchung beantwortet werden.«

Man muß an das Beweismaterial mit einer ehrlichen, fairen Geschichtsauffassung herangehen. Die Untersuchung darf nicht durch vorgefaßte Meinungen oder Vorurteile beeinflußt werden. Es ist eine zwingende Notwendigkeit, die Beweise für sich selbst sprechen zu lassen.

Der Historiker Ronald Sider schreibt über die Notwendigkeit der Objektivität in der historischen Forschung:»Wie verhält sich der kritische Historiker, wenn sein Material sehr stark auf die Realität eines Ereignisses hinweist, das seinen Erwartungen widerspricht und gegen die naturalistische Sicht der Realität geht? Er stellt fest, daß er seinen eigenen, kritisch analysierten Quellen folgen muß. Es ist unwissenschaftlich, von der philosophischen Voraussetzung auszugehen, daß Wunder nicht geschehen können. Wenn wir solche einseitigen Voraussetzungen nicht vermeiden, wird die historische Interpretation zur reinen Propaganda.

»Wir haben ein Recht darauf, fundierte Beweise für ein angebliches Ereignis zu verlangen, das wir selbst nicht miterlebt haben, aber wir wagen nicht, die Realität nach unserer begrenzten Erfahrung zu beurteilen. Und ich möchte zu bedenken geben, daß wir gute Beweise für die Auferstehung des Jesus von Nazareth haben.«

Der richtige Zugang

Der Historiker Ethelbert Stauffer aus Erlangen gibt weitere Anregungen für den Zugang zur Geschichte: »Was tun wir als Historiker, wenn wir Überraschungen erleben, die all unseren Erwartungen entgegenlaufen, vielleicht sogar all unseren Überzeugungen und selbst der gesamten Wahrheitsauffassung unserer Zeit? Wir sagen, was ein großer Historiker in solchen Augenblicken zu sagen pflegte: ,,Es ist sicher möglich.'' Und warum auch nicht? Für den kritischen Historiker ist nichts unmöglich.«

Der Historiker Philip Schaff fügt dem Gesagten hinzu: »Es ist nicht das Ziel des Historikers, eine Geschichte nach vorgefaßten Meinungen zu konstruieren und sie seinen eigenen Wünschen anzupassen, sondern sie nach den besten Erkenntnissen wiederzugeben und sie für sich selbst sprechen zu lassen.«

Wenn es darum geht, die historische Existenz Jesu zu beurteilen, dann sollte sie ebenso unvoreingenommen durchgeführt werden wie für jede andere Figur in der Geschichte. Dr. F.F. Bruce von der Universität Manchester in England bestätigt, daß »die historische Realität Christi für einen unbefangenen Historiker ebenso erwiesen ist wie die des Julius Cäsar. Es sind die Historiker, die die Theorien vom ,,Christus-Mythos'' propagieren.«

Eine kritische Haltung

Der letzte historische Test für die Auferstehung ist die Feststellung, ob die beschriebenen Tatsachen von den Beweisen gestützt werden. An diesem Punkt erkennt man, daß man vorsichtig vorgehen und die Daten über Christi Auferstehung sorgfältig prüfen muß. Ein kritischer Historiker würde die Zeugen kontrollieren wollen; den Tod durch Kreuzigung nachprüfen, die Bestattungsvorgänge, die Berichte, daß Jesus am dritten Tag lebte und das Grab leer war, untersuchen. Außerdem wäre es sinnvoll, jede mögliche Erklärung für diese Geschehnisse in Betracht zu ziehen. In diesem Stadium würde man andere bekräftigende Beweise hinzuziehen und dann einen angemessenen Schluß ziehen.

Klingt das für Sie interessant? Nun, das werde ich auf den folgenden Seiten ausführen.

BEOBACHTUNG 9 — Zuverlässiges historisches Dokument

Das Neue Testament stellt die primäre historische Quelle für die Auferstehung dar. Deshalb haben viele Kritiker des 19. und 20. Jahrhunderts die Zuverlässigkeit dieser Texte angegriffen. Das Prinzip des sog. „alten Dokuments" in den „Federal Rules of Evidence" sieht ein Dokument als echt an, wenn bewiesen wird, daß das Dokument
a) in einem Zustand ist, der keinen Zweifel hinsichtlich seiner Authentizität zuläßt,
b) sich an einem Ort befand, wo man es erwarten würde, wenn es authentisch ist und
c) zu dem Zeitpunkt, wenn es vorgelegt wird, seit mindestens 20 Jahren existiert hat.

Dr. John Warwick Montgomery, Rechtsanwalt und Dekan der „Simon Greenleaf School of Law", sagt zur Anwendung der Regel des „alten Dokuments" auf das Neue Testament: »Angewandt auf die Berichte der Evangelien, und verstärkt durch verantwortungsvolle (Text-)Kritik, würde diese Regel vor jedem Gerichtshof standhalten.«

F.C. Bauer hat, zusammen mit anderen Kritikern, angenommen, daß die Schriften des Neuen Testaments nicht vor dem späten 2. Jahrhundert nach Christus geschrieben worden sein sollen. Er schloß daraus, daß diese Schriften im Grunde auf Mythen und Legenden beruhten, die sich während des Zeitraums, der zwischen den Lebzeiten Jesu und der Niederschrift dieser Berichte lag, entwickelt hatten.

Zeitliche Einordnung der Entstehung des Neuen Testaments

Gegen Ende des 19. Jahrhunderts bestätigten jedoch archäologische Entdeckungen die Genauigkeit des Neuen Testaments. Die Entdeckung früher Papyrusmanuskripte überbrückte die Lücke, die zwischen der Zeit Christi und den damals bereits bekannten Manuskripten aus späterer Zeit bestanden hatte. Detaillierte Informationen hierüber sind in meinem Buch „Evidence That Demands a Verdict" enthalten. Diese Funde steigerten das Vertrauen der Gelehrten in die Zuverlässigkeit der Bibel.

William Albright, einer der herausragendsten Archäologen der Welt, sagte:»Wir können schon mit Bestimmtheit sagen, daß es keine solide Grundlage mehr gibt, die Entstehung irgend eines Buches des Neuen Testaments später als das Jahr 80 n.Chr. zu datieren. Das sind zwei ganze Generationen früher als das Datum zwischen 130 und 150 n.Chr., das die radikaleren zeitgenössischen Kritiker des Neuen Testaments angeben.«

Zeitgleich mit der Entdeckung der Papyri kam auch eine Vielzahl anderer Manuskripte ans Licht. Dr. John A.T. Robinson, Lektor am „Trinity College" in Cambridge, ist seit Jahren einer von Englands ausgezeichnetsten Kritikern. Er akzeptierte die Übereinstimmung, die von der deutschen Forschung ausging, daß das Neue Testament viele Jahre nach der Zeit Christi, am Ende des ersten Jahrhunderts geschrieben wurde. Kaum mehr als ein theologisches Spielchen zu betreiben — fast zufällig — entschloß er sich, die Argumente für die späte Datierung des Neuen Testaments zu untersuchen, ein Forschungsgebiet, das seit der Jahrhundertwende im großen und ganzen brach lag.

Die Resultate erstaunten ihn. Er sagte, daß aufgrund der „Faulheit" von Gelehrten, „die Tyrannei ungeprüfter Annahmen" und die „fast absichtliche Blindheit" früherer Autoren, ein großer Teil der alten Argumentation unhaltbar war. Er kam zu dem Ergebnis, daß das Neue Testament das Werk der Apostel selbst oder von Zeitgenossen ist, die mit ihnen zusammenarbeiteten, und daß alle Bücher des Neuen Testaments, einschließlich das Evangelium nach Johannes, vor dem Jahre 64 n.Chr. geschrieben worden sein müssen.

Robinson fordert seine Kollegen auf, zu versuchen, ihn zu widerlegen. Wenn die Gelehrten sich der Frage wieder annehmen, so ist er überzeugt, werden die Ergebnisse sie dazu zwingen,»viele Einführungen in das Neue Testament — und schließlich seiner Theologie — neu zu schreiben.«

Glaubwürdigkeit der Manuskripte

Als ich meine Nachforschungen über die Zuverlässigkeit der Bibel beendete und im Jahre 1973 „Evidence That Demands a Verdict" veröffentlichte, war ich in der Lage, allein 14 000 Manuskripte des Neuen

Testaments nachzuweisen. 1980 brachte ich „Evidence..." auf den neuesten Stand und gab es neu heraus, da eine riesige Menge neuen Forschungsmaterials verfügbar war. Jetzt kann ich 24 633 Manuskripte allein des Neuen Testaments nachweisen.

Die Bedeutung der Vielzahl von Manuskripten, die das Neue Testament dokumentieren, ist umso größer, wenn man weiß, daß das in der gesamten Geschichte am zweitbesten durch Manuskripte belegte Buch die „Ilias" von Homer ist. Von ihr sind 643 Manuskripte erhalten.

Die große Anzahl von Manuskripten, die das Neue Testament in seiner Echtheit beglaubigen, bewegte Sir Frederick Kenyon, eine der führenden Autoritäten für die Zuverlässigkeit alter Schriftstücke, zu schreiben:»Der Abstand zwischen den Daten der ursprünglichen Komposition und des frühesten erhaltenen Belegs wird so klein, daß er tatsächlich unwesentlich ist, und jedem Zweifel daran, daß die Schriften im wesentlichen so zu uns gekommen sind, wie sie geschrieben wurden, ist nun jede Grundlage entzogen. Sowohl die Authentizität als auch die allgemeine Echtheit des Neuen Testaments kann jetzt als endgültig nachgewiesen gelten.«

F.F. Bruce macht folgende Beobachtung:»Die Belege für unsere neutestamentlichen Schriften sind soviel besser als die für die Schriften vieler klassischer Autoren, deren Authentizität aber niemand auch nur im Traum in Frage stellen würde.«

Er stellt weiter fest:»Wenn das Neue Testament eine Sammlung weltlicher Schriften wäre, würde man an seiner Authentizität nicht zweifeln.

Manche Kritiker des Neuen Testaments behaupten, daß die frühe Kirche die Reden Jesu und die Geschehnisse um ihn erfunden habe. Andere beharren auf der These, daß die Tatsachen über die Ereignisse um das Leben Jesu erst so spät aufgeschrieben wurden, daß sie zweifellos verfälscht wiedergegeben wurden. So wird unterstellt, daß wir keinen vertrauenswürdigen Bericht über die Worte und das Leben Christi besitzen.

Kurzer Zeitraum

Wie können diese Behauptungen widerlegt werden? Es gibt viele Gründe, vertrauensvoll zu glauben, daß wir heute einen zuverlässigen Bericht über die tatsächlichen Worte Jesu und die Geschehnisse um sein Leben besitzen.

Der erste ist, daß die Entdeckungen von Manuskripten und die sich anschließende historische Forschung zeigen, daß das Zeitelement zwischen den Ereignissen von Christi Leben und ihrem Bericht nicht ausreicht, um seine Genauigkeit in Frage zu stellen. Dr. Paul L. Maier, Professer für Alte Geschichte an der „Western Michigan Universität", schreibt:»Die Einwände, die Christenheit habe ihren Ostermythos über einen längeren Zeitraum ersonnen oder die Quellen seien erst viele Jahre nach dem Ereignis geschrieben worden, entsprechen einfach nicht den Tatsachen.«

Indem er die Schlußfolgerungen der Kritiker, die eine spätere Urheberschaft unterstützten, analysierte, schrieb Albright:»Nur moderne Gelehrte, denen sowohl die historische Methode als auch die richtige Perspektive fehlt, können ein solches Netz von Spekulationen spinnen, mit dem die Tradition der Evangelien umgeben wird.«

Er fügte hinzu, daß der Zeitraum zwischen Geschehen und schriftlicher Fixierung zu gering sei, um irgendeine erkennbare Verfälschung am wesentlichen Inhalt oder selbst am speziellen Wortlaut der Reden Jesu unterstellen zu müssen.

Im Hinblick auf die Vertrauenswürdigkeit der neutestamentlichen Schriften sagt Millar Burrows von Yale:»Ein weiteres Resultat, das aus dem Vergleich des neutestamentlichen Griechisch mit der Sprache der Papyri hervorgeht, ist ein wachsendes Vertrauen auf die genaue Textüberlieferung des Neuen Testaments selbst.«

Er fährt fort und sagt, daß»die Texte mit einer bemerkenswerten Genauigkeit übermittelt worden sind, so daß kein Zweifel hinsichtlich der von ihnen vermittelten Lehre angebracht ist.« Howard Vos, Forscher, erklärt:»Vom Standpunkt der literarischen Belege aus gesehen ist die einzige logische Schlußfolgerung die, daß die Gründe für die Zuverlässigkeit des Neuen Testaments unendlich viel stärker sind als für jeden anderen Bericht des Altertums.«

Berichte von Augenzeugen

Ein zweiter Grund für die Vertrauenswürdigkeit der neutestamentlichen Berichte über Christus ist, daß sie von den Augenzeugen selbst oder nach deren Berichten geschrieben wurden.

Dr. Louis Gottschalk schreibt über die Untersuchung zur Genauigkeit einer Quelle:»Die Fähigkeit, die Wahrheit zu berichten, beruht zum Teil auf die Nähe des Zeugen zum Ereignis. *Nähe* wird hier sowohl in geographischem als auch in chronologischem Sinne gebraucht.«

Die Verfasser des Neuen Testaments berichteten, sie seien nicht »klugen Fabeln gefolgt, als wir euch kundgetan haben die Kraft und das Kommen unsers Herrn Jesus Christus; sondern wir haben seine Herrlichkeit selber gesehen.«

Sie sagten, Jesus habe sich ihnen »auch als der Lebendige erzeigt nach seinem Leiden in mancherlei Erweisungen und ließ sich sehen unter ihnen vierzig Tage lang.«

Lukas, der Arzt, schrieb: »Nachdem schon viele es unternommen haben, Bericht zu geben von den Geschichten, die unter uns geschehen sind, wie uns das überliefert haben, die es von Anfang selbst gesehen, habe ich es auch für gut angesehen, nachdem ich alles von Anbeginn mit Fleiß erkundet habe, daß ich's dir, mein edler Theophilus, in guter Ordnung schriebe.«

Obwohl die Augenzeugen vor Gericht einen Ehrenplatz einnehmen, geht man mehr und mehr dazu über, ihre Aussagen nach psychologischen Faktoren zu bewerten, die den einzelnen beeinflussen: Länge der Zeit, Entfernung vom Gegenstand, Sichtbarkeit, Streß, Furcht usw.

Psychologische Faktoren

Dr. Elizabeth S. Loftus, Professorin für Psychologie an der Universität Washington, schreibt, daß »Menschen, die Zeugen eines furchtbaren Ereignisses werden, sich an die Einzelheiten weniger genau erinnern, als sie es bei einem gewöhnlichen Geschehen könnten. Streß oder Furcht mindert das Wahrnehmungsvermögen und damit auch die Erinnerungsfähigkeit. Streß kann auch die Fähigkeit einer Person beeinflussen, sich an etwas zu erinnern, das sie in einer Periode relativer Ruhe beobachtet oder erfahren hat.«

Die Augenzeugenberichte über Jesus nach seiner Auferstehung werden durch Dr. Loftus' Schlußfolgerungen bestärkt. Sie handeln nicht von einem flüchtigen Blick auf einen Fremden mit furchterregender Waffe in einer dunklen Straße. Seine Anhänger verbrachten eine Zeit mit jemand, den sie kannten und liebten. Obwohl es Streß und Aufregung gegeben haben muß — Jesus mußte ihnen sagen, sie sollten sich nicht fürchten —, wurden sie bei seinen wiederholten Erscheinungen — er erschien ihnen über einen Zeitraum von 40 Tagen — ihrer Erinnerung immer sicherer.

Selbst wenn die große Anzahl von Augenzeugen des Neuen Testaments keine Garantie für 100%ige Zuverlässigkeit böten, wäre es doch außerordentlich schwierig, zu behaupten, daß jeder von ihnen denselben Fehler bei der Identifizierung Jesu machte. Die Berichte der Augenzeugen, daß sie Christus nach seiner Auferstehung lebend gesehen haben, wären vor jedem Gericht sehr überzeugend.

Die Regel vom Hörensagen

McCormicks „Handbook of the Law of Evidence" (Handbuch für das Gesetz der Beweisführung), eine ausgezeichnete Abhandlung über die Analyse von Beweismaterial, sagt, daß das Beharren des Rechtssystems darauf, nur die zuverlässigsten Informationsquellen zu benutzen, sich am besten in der Forderung manifestiert, die verlangt, daß ein Zeuge, wenn er über eine Tatsache aussagt, die durch die Sinne wahrgenommen werden kann, die Gelegenheit gehabt haben muß, die Tatsache zu beobachten, und sie auch tatsächlich beobachtet haben muß.

Der Schwerpunkt dieser Regel vom Hörensagen liegt darin, daß Hörensagen als Beweismittel vor Gericht nicht zugelassen ist. Die „Federal Rules of Evidence" besagen, daß ein Zeuge nur über etwas aussagen kann, das er aus eigenem Erleben weiß, nicht aber über etwas, das er indirekt aus anderen Quellen erfahren hat.

Hinsichtlich der Bewertung einer Aussage „aus eigenem Erleben" weist Dr. Montgomery darauf hin, daß das Neue Testament die Forderung nach einem Beweismittel „aus erster Hand" erfüllt. Er schreibt, daß der Bericht des Neuen Testaments »vollkommen gerechtfertigt ist, durch die konstante Versicherung seiner Autoren, nur weiterzugeben, „was wir gehört haben, was wir mit unseren Augen gesehen haben, was wir betrachtet und unsere Hände berührt haben".«

Wissen aus erster Hand

Nach dem Bericht des Evangelisten Matthäus waren die ersten Personen, die von der Auferstehung hörten, Maria Magdalena „und die andere Maria". Sie erfuhren von dem Ereignis durch einen Engel, der auf dem Grabstein saß. Jede Wiedererzählung davon durch die beiden Marias wäre Hörensagen, außer wenn es nur darum ginge, zu beweisen, daß der Engel dort gewesen war und zu ihnen gesprochen hatte.

Wenn die beiden Frauen vor Gericht die Worte des Engels zitieren würden, um die Auferstehung Jesu zu bestätigen, so wäre dies Hörensagen und damit nicht gültig. Nicht die Glaubwürdigkeit des Engels wird bezweifelt; die Regel vom Hörensagen stellt vielmehr die Genauigkeit und vielleicht auch die Ehrlichkeit der Person in Frage, die von dem Ereignis erzählt.

Dieses Problem wird jedoch durch das persönliche Erscheinen Jesu vor den Frauen gelöst. Weil die Frauen so selbst erlebtes Wissen von der Tatsache erlangten, daß Christus von den Toten auferstanden war, wären sie in der Lage gewesen, das vor Gericht zu bezeugen. Sie waren nicht Zeugen des eigentlichen Geschehens; aber die Tatsache, daß sie das Ergebnis gesehen hatten, rechtfertigte hinreichend ihren Schluß, daß die Auferstehung stattgefunden hatte.

Matthäus berichtet auch kurz von Jesu Erscheinen vor den elf Jüngern. Wenn die Erscheinung nicht vor den Jüngern persönlich stattgefunden hätte, wären sie durch die Regel vom Hörensagen nicht in der Lage gewesen, die Auferstehung Jesu glaubhaft zu bezeugen. Daß sie jedoch Christus lebendig gesehen hatten, machte die Regel vom Hörensagen unanwendbar.

Lukas gibt uns einen Bericht von den beiden Männern auf dem Weg nach Emmaus, denen Christus erschien. Diese Männer demonstrierten, wie schnell Hörensagen unglaubwürdig wird. Sie glaubten nicht an den Bericht der Frauen über das, was der Engel ihnen gesagt hatte. Sie glaubten, daß das Grab leer war; ob Christus aber wirklich lebte, war unsicher, denn „ihn sahen sie nicht". Erst als Jesus sich diesen beiden Männern zu erkennen gab, konnten sie glauben.

Das Buch des Lukas endet, wie auch die Bücher des Matthäus und Markus, mit dem Erscheinen Christi vor allen Jüngern. Jesus war sich des normalen Mißtrauens gegenüber bloßem Hörensagen vollkommen bewußt. Wir sind oft abgeneigt, das zu glauben, was ein anderer erfahren hat; noch weniger aber glauben wir das, was einem anderen erzählt wurde.

Das beste Beispiel für diese Skepsis ist der ungläubige Thomas. Trotz der Berichte über Erscheinungen Jesu vor den Männern, die Thomas wahrscheinlich näher standen als allen anderen, war die Geschichte von der Auferstehung noch immer unglaublich. Er verlangte Wissen aus erster Hand, das aus eigener Erfahrung gewonnen wurde.

Schriftliche Berichte

Sind die schriftlichen Berichte von Augenzeugen zuverlässig? Die „Federal Rules of Evidence" besagen, daß den Berichten von Zeugen Glauben geschenkt wird, wenn gezeigt werden kann,»daß sie von dem Zeugen angefertigt oder aufgenommen wurden, als die Angelegenheit noch frisch in seinem Gedächtnis war und dieses Wissen korrekt wiedergegeben werden konnte.« Manche werden fragen, ob Matthäus und Johannes ihre Erinnerungen festhielten, als sie noch frisch in ihrem Gedächtnis waren. Wir wissen nicht, wie bald nach diesen großen Ereignissen die Jünger ihre Evangelien geschrieben haben. Doch gleichgültig, wie lang es her gewesen sein mag, man kann mit Sicherheit davon ausgehen, daß die Tatsache, dieselbe Person lebendig zu sehen, die die beiden Jünger drei Tage vorher hatten sterben sehen, einfach ein Ereignis ist, das man nicht vergißt.

Man kann sich gut vorstellen, daß die Jünger noch viele Jahre später sagten:»Ich erinnere mich daran, als ob es gestern gewesen wäre.«

Gegenwart von kenntnisreichen Augenzeugen

Ein dritter Grund für die historische Zuverlässigkeit besteht darin, daß die neutestamentlichen Berichte von der Auferstehung schon zu Lebzeiten derer verbreitet wurden, die zur Zeit der Auferstehung lebten. Daher konnte die Richtigkeit dieser Berichte damals bestätigt oder in Frage gestellt werden.

Wenn diejenigen, die das Neue Testament schrieben, ihre Sache für das Evangelium verfochten, dann beriefen sie sich hinsichtlich der Auferstehung auf allgemein Bekanntes.

Petrus forderte seine Zuhörer heraus:»Ihr Leute von Israel, hört, was ich euch zu sagen habe! Jesus von Nazaret kam zu euch im Auftrag Gottes; das konntet ihr an den wunderbaren Taten sehen, die Gott durch ihn geschehen ließ. *Ihr habt alles miterlebt.*«

Gegenwart von feindseligen Augenzeugen

Ein weiterer Grund, warum es in den Erzählungen über Leben und Lehren Christi keinen Raum für Mythen, Legenden oder Ungenauigkeiten gibt, ist, daß sie zu Lebzeiten von Menschen verbreitet wurden, die der christlichen Bewegung extrem feindlich gegenüberstanden.

Ein erstklassiges Mittel zur Beurteilung der Glaubwürdigkeit eines Zeugen ist das Kreuzverhör, weil das Kreuzverhör durch eine gegnerische Partei die Glaubwürdigkeit eines Zeugen erweist und seine möglichen Vorurteile und Voreingenommenheiten enthüllt. Richter Ruffin erweitert in „State vs. Morris" (Staat gegen Morris) das Prinzip vom „Kreuzverhör" noch:»Alle Gerichtsverfahren gehen von der Idee aus, daß dem menschlichen Zeugnis einiges Vertrauen zukommt, und daß dieses Vertrauen in demselben Maße wächst und gefestigt wird, in dem ein Zeuge einem gründlichen Kreuzverhör unterworfen wird.«

Im Hinblick auf die Anwendung des „Kreuzverhörprinzips" auf die Verkündung der Auferstehung schreibt der Juraprofessor Dr. John Montgomery:»Diese Regel unterstreicht die Zuverlässigkeit der Zeugnisse für Christi Auferstehung, die zeitgenössisch in den Synagogen vorgebracht wurden — in Gegenwart der Opposition, unter feindseligen Gegnern, die sicherlich die Sache des Christentums vernichtet hätten, wären die Tatsachen anders gewesen.«

F. F. Bruce, Professor für Bibelkritik und Exegese an der Universität Manchester, sagt über den Wert der Überprüfung der neutestamentlichen Berichte durch mündlich aussagende Widersacher:»Hätte es irgendeine Neigung gegeben, in irgendeinem wesentlichen Punkt von den Tatsachen abzuweichen, hätte die Anwesenheit von feindlich gesinnten Zeugen in der Zuhörerschaft als weiteres Korrektiv gewirkt.«

Es gibt drei Stufen für historische Zeugnisse: Beobachtung, Erinnerung und Bericht. Die „erbitterten Feinde" dieser neuen Bewegung, die sich um Christus gruppierte, waren bereit, jeden übereifrigen Anhänger herauszufordern, der etwa die Absicht gehabt hätte, ein Wunder hinzuzufügen oder eine Geschichte zu verschönern, um Christus anziehender zu machen. Diese „feindseligen Zeugen" waren bereit, jede Entstellung in „Beobachtung, Erinnerung und Bericht" all dessen zu korrigieren, was Jesus „tat und lehrte".

Der Theologe Stan Gundry fragt:»Ist es möglich, daß sie falsche Behauptungen über sein Leben, das sie alle so gut kannten, als Tatsachen hätten durchgehen lassen? Das Christentum würde sich selbst der Lächerlichkeit preisgegeben haben, hätte es solche Geschichten erfunden, um sich zu verewigen.«

Die Apostel, die sicherlich den Wunsch hatten, den Herrn zu ehren, konnten kein Interesse haben, ihm Tatsachen zuzuschreiben, die nicht von ihm ausgingen. Außerdem: Hunderte von Menschen in der frühen

Kirche müssen ein mächtiger Faktor gewesen sein, wenn es darum ging, die Wahrhaftigkeit der Tradition zu bewahren.

Bestätigung durch die Archäologie

Louis Gottschalk schreibt, die allgemeine Glaubwürdigkeit eines Autors oder Dokuments sei abhängig von »dem Ruf des Autors für Wahrheitsliebe, dem Fehlen von Selbstwidersprüchen innerhalb des Dokuments, dem Fehlen von Widersprüchen durch andere Quellen und Freiheit von Anachronismen. Die Art und Weise, in der das Zeugnis des Autors zu anderweitig bekannten Tatsachen paßt, hilft, die allgemeine Glaubwürdigkeit festzustellen.«

Mit anderen Worten: »Übereinstimmung oder Vereinbarkeit mit anderen bekannten historischen, geographischen oder wissenschaftlichen Fakten ist oft der entscheidende Test für ein Zeugnis.«

Sir William Ramsay, einer der größten Geographen, die je gelebt haben, war ein Student der deutschen historischen Schule des 19. Jahrhunderts. Als er eine topographische Studie von Kleinasien anfertigte, stand er unter dem Sachzwang, auch die Schriften des Lukas zu berücksichtigen. Er kam zu der festen Überzeugung, daß das Buch der Apostelgeschichte in der Mitte des 2. Jahrhunderts nach Christus entstanden ist. Durch die überwältigenden Beweise, die durch seine Nachforschungen zutage kamen, mußte er seinen Glauben vollkommen revidieren.

Lukas' bewiesene Zuverlässigkeit

Hinsichtlich der Fähigkeiten Lukas' als Historiker schloß Ramsay nach 30jährigem Studium: »Lukas ist ein Historiker ersten Ranges; nicht nur seine Tatsachenbehauptungen sind vertrauenswürdig. Dieser Autor sollte unter die allergrößten Historiker eingereiht werden.«

Ramsay fügt hinzu: »Die Geschichte des Lukas ist im Hinblick auf ihre Glaubwürdigkeit unübertroffen.«

Zeitweise wurde Lukas als ungenau betrachtet, daß er die Herrschaft von Philippi als *Praetoren* bezeichnete, denn nach Meinung der „Gelehrten" sollten zwei *Duumvirn* die Stadt regiert haben. Aber wie üblich hatte Lukas recht. Funde haben gezeigt, daß der Titel *Praetor* von den Beamten römischer Kolonien verwendet wurde.

Auch Lukas' Wahl des Wortes *Proconsul* als Titel für Gallio hat sich als richtig erwiesen, wie eine Inschrift aus Delphi zeigt, in der es u.a. heißt:»Als Lucius Junius Gallio, mein Freund und der Proconsul von Achaia...«

Die Inschrift aus Delphi (52 n.Chr.) gibt uns einen festen Zeitraum zur Datierung des 1 1/2jährigen Dienstes des Paulus in Korinth. Wir wissen aus anderen Quellen, daß Gallio sein Amt am 1. Juli übernahm, daß seine Amtszeit als Proconsul nur ein Jahr dauerte und daß dieses Jahr sich mit der Arbeit des Paulus in Korinth überschnitt.

Lukas gibt Publius, dem führenden Mann auf Malta, den Titel *Oberster der Insel*. Inschriften, die man ausgegraben hat, geben ihm ebenfalls den Titel *Oberster*.

Ein weiterer Punkt, der für Lukas' Zuverlässigkeit spricht, ist die Verwendung des Wortes *Politarchen* zur Bezeichnung der zivilen Behörden von Thessaloniki. Da Politarchen in der klassischen Literatur nicht vorkommen, hat man wiederum angenommen, Lukas habe Unrecht. Inzwischen wurden jedoch 19 Inschriften gefunden, in denen dieser Titel auftaucht. Interessanterweise beziehen sich fünf davon auf Führer in Thessaloniki.

Die Archäologen stellten zuerst auch Lukas' Feststellung in Frage, daß Lystra und Derbe in Lykaonien lagen, Ikonion aber nicht. Sie gründeten ihre Meinung auf die Schriften von Römern, wie Cicero, die darauf hinwiesen, daß Ikonion in Lykaonien gelegen haben müsse. Daher, sagten die Archäologen, sei das Buch der Apostelgeschichte unzuverlässig. Doch Sir William Ramsay fand ein Monument, das Ikonion als phrygische Stadt auswies. Spätere Entdeckungen bestätigten dies.

Unter anderen historischen Hinweisen, die Lukas gibt, findet sich auch einer auf *Lysanias, Vierfürst von Abilene* zu Beginn des Wirkens von Johannes dem Täufer im Jahre 27 n.Chr. Der einzige Lysanias, der den alten Historikern bekannt ist, wurde im Jahre 36 v.Chr. getötet. Doch eine Inschrift, die in der Nähe von Damaskus gefunden wurde, spricht von einem ,,freien Mann des Lysanias, des Vierfürsten" und wird zwischen 14 und 29 n.Chr. datiert.

Es ist kein Wunder, daß E.M. Blaiklock, Professor für Klassische Philologie an der Universität von Auckland zu der Feststellung gelangt, daß»Lukas ein vollendeter Historiker« sei,»der sich aus eigenem Recht unter die großen griechischen Schriftsteller einreiht.«

Ein genaues Bild

F.F. Bruce von der Universität Manchester stellt fest:»Wo Lukas der Ungenauigkeit verdächtigt, die Genauigkeit jedoch durch spätere schriftliche Funde belegt wurde, kann man sagen, daß die Archäologie den Bericht des Neuen Testaments bestätigt hat.« Bruce sagt zur historischen Genauigkeit des Lukas:»Es ist sehr wahrscheinlich, daß ein Mann, dessen Genauigkeit in den Dingen nachzuweisen ist, die wir überprüfen können, auch dort genau ist, wo uns die Mittel zu einer Überprüfung fehlen. Genauigkeit ist eine Gewohnheit des Geistes, und wir wissen aus guter (oder schlechter) Erfahrung, daß manche Menschen aus Gewohnheit genau sind, ebenso wie man bei anderen davon ausgehen kann, daß sie ungenau sind. Der Bericht des Lukas berechtigt dazu, ihn als einen Schriftsteller von gewohnheitsmäßiger Genauigkeit zu bezeichnen.«

Abschließend kann man sagen, daß das Neue Testament ein richtiges Portrait Christi bietet. Dieser historische Bericht über ihn kann nicht durch Wunschdenken, historische Manipulation oder literarische Manöver beeinträchtigt werden.

Zusammenfassung

Bei meinem Versuch, das Christentum zu widerlegen, machte ich neun wichtige Beobachtungen:

1. Die historischen, literarischen und rechtlichen Belege, die die Auferstehung Jesu Christi stützen, sind gewaltig.

2. Jesus Christus sagte selbst voraus, daß er am dritten Tag auferstehen würde.

3. Die Tatsache der Auferstehung Jesu Christi ist das tragende Fundament, ohne das das Christentum nicht existenzfähig ist.

4. Der christliche Glaube ist kein Tappen im Dunkeln, sondern ein Glaube, der sich auf vernünftigen Überlegungen gründet.

5. Obwohl es nicht objektiv ist, schließen viele Menschen bewußt die Möglichkeit der Auferstehung aus, weil sie ihre Vorurteile gegen Wunder nicht überwinden können.

6. Die Anhänger Christi waren nicht unwissend. Sie kannten den Unterschied zwischen Tatsache und Legende.

7. Die wissenschaftliche Methode kann zur Untersuchung der Auferstehung nicht herangezogen werden, da sich einmalige geschichtliche Ereignisse nicht in Gegenwart von Forschern wiederholen lassen.

8. Auf die Untersuchung der Auferstehung Jesu Christi müssen dieselben Kriterien angewandt werden, wie auf jedes andere Ereignis der Geschichte.

9. Es existieren reichlich wissenschaftliche Beweise, die dokumentieren, daß das Neue Testament — die Primärquelle für die Auferstehung — den strengsten Regeln zur Überprüfung von Zeugnissen und Nachforschungen von Funden der modernen Archäologie standhält.

SICHERHEITSMASSNAHMEN

SICHERHEITSMASSNAHME 1 — Der Prozeß

Jesus wurde zum Prozeß vor den römischen Landpfleger Pontius Pilatus gebracht. Alle verfügbaren Informationen zeigen, daß Pilatus ein äußerst grausamer und gnadenloser Despot war. Philo berichtet, daß er »für zahllose Greueltaten und zahlreiche Hinrichtungen ohne jedes Gerichtsverfahren« verantwortlich war.

Archäologische Bestätigung für Pilatus

Bis 1961 waren die einzigen historischen Hinweise auf Pilatus ausschließlich literarischer Art. Dann gruben zwei italienische Archäologen die Mittelmeerhafenstadt Cäsarea aus, die als römische Hauptstadt von Palästina diente. Während der Ausgrabungen kam eine 60 x 90 cm große lateinische Inschrift zutage. Antonio Frova konnte die Inschrift rekonstruieren. Zu seiner Überraschung lautete sie: »Pontius Pilatus, Präfekt von Judäa, hat das Tiberium den Cäsaren gewidmet.« Dies war die erste archäologische Entdeckung eines historischen Hinweises auf die Existenz des Pilatus.

Sechs Prozesse

Man muß sich klarmachen, daß Jesus Christus sechs verschiedene Prozesse durchmachte. Einer fand vor Hannas, dem Hohenpriester statt, ein anderer vor Kaiphas, der dritte vor dem Sanhedrin, der vierte vor Pilatus, der fünfte vor Herodes und der sechste wieder vor Pilatus. Es gab also drei jüdische und drei römische Prozesse.

Warum all diese Unruhe um einen einzigen Mann? Sowohl die römischen als auch die jüdischen Autoritäten hatten verschiedene Gründe, beunruhigt zu sein, wenn Christus weiterhin frei seine Wege ziehen konnte.

Politisches Motiv

Erstens gab es ein politisches Motiv. Als Jesus auf die Frage des Landpflegers: »Bist du der König der Juden?« antwortete: »Es ist, wie du sagst«, gab er ihnen hinreichende Gründe zur Hinrichtung.

Richter Haim Cohn, ein gelehrtes Mitglied des Obersten Gerichtshofes von Israel, sagt in einem Artikel mit dem Titel ,,Überlegungen zum Prozeß gegen Jesus'': »Es kann kein Zweifel daran bestehen, daß ein solches Geständnis dem römischen Recht zur Verurteilung des Angeklagten ausreichte.« Das Vergehen war mit dem Tode zu bestrafen, und der Landpfleger war mit dem *ius gladi*, dem Recht, Todesurteile zu fällen, ausgestattet.

Professor R.E. Grant von der Universität Chicago äußert in seinem Aufsatz ,,Der Prozeß Jesu im Licht der Geschichte'' die Ansicht, daß sowohl die Juden als auch die Römer die Äußerung Christi als Hinweis auf das Königtum interpretierten. Grant glaubt, daß die Idee vom Königtum, die Jesus predigte, nach dem Verständnis sowohl der Juden als auch der Römer die Saat der Rebellion gegen die römische Macht in sich trug.

Solomon Zeitlin schreibt im ,,Jewish Quarterly Review'', daß die römischen Behörden nicht nur die bestraften, die das Volk gegen die Römer aufhetzten, sondern auch die Führer des Volkes. Sie wurden für den Gehorsam des jüdischen Volkes gegenüber dem römischen Staat zur Verantwortung gezogen. Viele jüdische Führer mußten aufgrund der politischen Umstände als Informanten gegen manche der Dissidenten und Revolutionäre unter ihren eigenen Brüdern auftreten, um ihr eigenes Leben zu retten.

Die jüdischen Behörden betrachteten Jesus als Bedrohung, nicht nur für die wirtschaftliche Situation der Juden, sondern auch für das politische Wohlergehen des jüdischen Staates, der von den Römern beherrscht wurde. Es war daher sowohl für die Juden als auch für die Römer von Vorteil, wenn der Hohepriester die römischen Behörden über die Aktivitäten Jesu informierte.

Das jüdische Problem

Dr. David Flusser von der Hebräischen Universität in Jerusalem bemerkt, daß die Gefahr eines jüdischen Aufständischen, dessen Anhänger jeden Augenblick rebellieren konnten, für die jüdischen ebenso wie für die römischen Behörden ein Problem darstellte. Aus der Sicht der jüdischen Behörden schreibt Dr. Flusser:»Das Versäumnis, eine mögliche Bedrohung dem Landpfleger rechtzeitig anzuzeigen, damit sie noch kontrolliert werden konnte, hätte die Juden zu weiteren Repressalien und stengerer Aufsicht führen können. Außerdem war es ein geschickter Schachzug. Sollte es einen Ausbruch des Protestes von den Anhängern des selbsternannten Propheten geben, so sollte lieber der römische Statthalter Gegenstand des Volkshasses sein als sie selber. Ungeachtet der Tatsache, daß die jüdischen Autoritäten die Todesstrafe verhängen konnten oder nicht, war es daher nur vernünftig, Pilatus den Schritt unternehmen zu lassen.«

Das römische Problem

Aus der Sicht des Pilatus, schreibt Flusser, war die Sache ebenso klar:»Sollte er sich weigern, dem Rat der jüdischen Führer zu folgen, die ihre gerissenen und unverständigen Landsleute besser durchschauten, als es ein Römer je tun konnte, und sollten sich diese Aufrührer als ernsthafte Bedrohung erweisen, hätte das für ihn unangenehme und schwerwiegende Folgen.«

Doch Flusser weist darauf hin, daß die Furcht des Pilatus, sich den Zorn der Juden zuzuziehen, nichts war im Vergleich zur Furcht der Juden, den Zorn Roms erdulden zu müssen.

Der Historiker Paul Maier bemerkt, es habe »in Palästina ein Dutzend Aufstände gegeben, seit Pompeius das Land im Jahre 63 v. Chr. erstmals erobert hatte; die meisten von ihnen wurden von der römischen Armee niedergeschlagen. Eine weitere messianische Rebellion unter Jesus von Nazareth konnte nur das unsichere Gleichgewicht der Macht gefährden und — wenn Roms Geduld zu Ende ging — zu einer direkten Besetzung durch römische Legionen führen.« Aus politischen Gründen war Jesus eine Bedrohung.

Wirtschaftliches Motiv

Ein anderes Motiv, Jesus aus dem Weg schaffen zu wollen, war wirtschaftlicher Art. Nachdem er die Tische der Geldwechsler im Tempel umgeworfen hatte, fürchteten sie, er könnte auch weiterhin den Handel im Tempel stören. Möglicherweise fürchteten sie auch einen Aufruhr gegen die Tempelpraktiken durch die Tausende von Passahpilgern, die ihn als Messias feierten.

Religiöse Motive

Die weiteren Motive, sich mit Jesus zu befassen, waren persönlicher und religiöser Art. Dieser ,,religiöse Fanatiker'' erwarb sich eine große Anhängerschaft und bereitete den jüdischen Führern enorme Schwierigkeiten. Viele ihrer Lehren wurden von den Anhängern Jesu in Frage gestellt.

Zwei jüdische Gerichtshöfe

Das jüdische Rechtssystem bestand aus zwei verschiedenen Sanhedrins. Ein Sanhedrin setzte sich aus 23 Mitgliedern zusammen, die sich mit schweren Verbrechen befaßten, für die auch die Todesstrafe verhängt werden konnte. Der andere, 71köpfige Sanhedrin nahm sich solcher Fälle an, in die das Staatsoberhaupt, der Hohepriester, verwickelt war oder wenn es um ein Vergehen gegen den Staat oder den Tempel ging. Er durfte sich nicht mit einem Fall befassen, der evtl. die Todesstrafe zur Folge hatte. Deshalb war es wahrscheinlich der 23köpfige Sanhedrin, der Jesus verurteilte. Einen solchen gab es in jeder größeren Stadt Judäas.

Schließlich lieferten die jüdischen Behörden, in Zusammenarbeit mit den Römern, Jesus zur Kreuzigung aus, nachdem er drei jüdische und drei römische Prozesse durchlaufen hatte. Verschiedene ,,Sicherheitsmaßnahmen'' wurden getroffen, um zu gewährleisten, daß Jesus nach seinem Tod auch sicher begraben blieb.

SICHERHEITSMASSNAHME 2 — Tod durch Kreuzigung

Alte literarische Texte und Funde sagen nur sehr wenig über die frühe Praxis der Kreuzigung aus. Aber es gibt einige hinreichende Nachweise dafür, daß sie praktiziert wurde.

Geschichte der Kreuzigung

Durch verschiedene Angaben in den Werken des Herodot und des Thukydides läßt sich nachweisen, daß die Perser, auch für den Fall, daß sie die Kreuzigung nicht selbst erfanden, diese doch zumindest in einem großzügigen Stil praktizierten. Eine der besten Quellen für die Praxis der Kreuzigung ist die *Bisutun-Inschrift*, in der Darius berichtet, daß er die verschiedenen Rebellenführer, die er besiegt hatte, kreuzigen ließ. Ein möglicher Grund für die wachsende Popularität der Todesstrafe durch Kreuzigung ist darin zu sehen, daß die Perser den Erdboden ihrem Gott Ahura Masdah geweiht hatten. Diese Art der Hinrichtung verunreinigte die Erde nicht, da der Leichnam sie nicht berührte. Alexander der Große führte die Kreuzigung im Mittelmeerraum, hauptsächlich in Ägypten und Karthago, ein. Allem Anschein nach übernahmen die Römer die Praxis von den Karthagern.

Ein grausamer Tod

Der Tod durch Kreuzigung zählte zu einer der schmachvollsten und grausamsten Foltermethoden der Welt. Cicero nannte sie »die grausamste und scheußlichste aller Foltern.« Will Durant schrieb, daß »selbst die Römer die Opfer bemitleideten.«

Flavius Josephus, der jüdische Historiker, der ein Berater des Titus während der Belagerung Jerusalems war, hatte selbst viele Kreuzigungen beobachtet und nannte sie ,,die erbärmlichste Todesart''. Josephus berichtet, daß die Drohung der Römer, einen jüdischen Gefangenen zu kreuzigen, dazu führte, daß sich die gesamte Garnison von Machaerus ergab, um so freies Geleit zu erhalten. Die Kreuzigung war so grausam und erniedrigend, daß die Römer gewöhnlich ihre eigenen Landsleute davon ausschlossen und sie nur an Sklaven anwandten, um Aufständen entgegenzuwirken, oder an denjenigen, der sich gegen die römische Herrschaft erhob. Sie wurde hauptsächlich in politischen Fällen verhängt.

Die Anklage gegen Christus unterstreicht diese Anwendung der Kreuzigung:»Und sie fingen an, ihn zu verklagen, und sprachen: Diesen haben wir gefunden, wie er unser Volk abwendig macht und verbietet, dem Kaiser Steuern zu geben, und spricht, er sei Christus, ein König.«

Seine Anhänger waren sich der Tatsache bewußt, daß Tiberius zehn Jahre früher erklärt hatte, ein Richter könne jemanden, der gegen Rom rebelliert hatte, sofort hinrichten lassen.

Die Kreuzigung war im jüdischen Kriminalgesetz weitgehend unbekannt. Die Juden kannten die Hinrichtung durch Steinigung, Verbrennen, Enthaupten und Strangulation. Das Hängen wurde später erlaubt. In dem Fall, in dem das jüdische Kriminalgesetz ,,Aufhängen an einem Galgen'' vorschrieb, handelte es sich nicht um eine Todesstrafe, sondern eher um eine erniedrigende Strafe für Götzenanbeter und Gotteslästerer, die bereits zu Tode gesteinigt worden waren.

Das Hängen deutete nach dem Willen des Gesetzes an, daß der Angeklagte bei Gott verflucht war.

Der Brauch der Geißelung

Nachdem das Urteil der Kreuzigung vom Gericht verkündet worden war, war es üblich, den Angeklagten an einen Pfahl im Gerichtshof zu binden. Der Kriminelle wurde entkleidet und dann von den Folterern oder Auspeitschern heftig gegeißelt.

Die Peitsche, Flagrum genannt, hatte einen festen Griff, an dem Lederriemen von unterschiedlicher Länge befestigt waren. Scharfzackige Knochen- und Bleistücke waren darin eingewebt. Die Juden waren durch ihr Gesetz auf 40 Schläge beschränkt. Die Pharisäer, auf strikte Einhaltung des Gesetzes bedacht, begrenzten ihre Schläge auf 39, damit sie im Falle des Verzählens nicht das Gesetz brachen. Die Römer kannten solche Einschränkungen nicht. Aus Abscheu oder Ärger konnten die Römer die jüdische Einschränkung vollkommen ignorieren und taten das wahrscheinlich im Falle Jesu auch.

Ein medizinischer Gesichtspunkt

Dr. C. Truman Davis, ein Arzt, der den Vorgang einer Kreuzigung eingehend unter medizinischen Aspekten untersucht hat, beschreibt die Wirkung des römischen Flagrum, das zur Geißelung benutzt wurde:

»Die schwere Peitsche wird wieder und wieder mit voller Kraft über Schultern, Rücken und Beine geschlagen. Zuerst schneiden die schweren Riemen nur durch die Haut. Dann, wenn die Schläge fortgesetzt werden, schneiden sie tiefer in das subkutane Gewebe und rufen zuerst Blutungen aus den Kapillaren und Venen der Haut hervor. Schließlich spritzt Blut aus den Arterien der darunterliegenden Muskeln. Die kleinen Bleiklumpen rufen zuerst große, tiefe Quetschungen hervor, die durch nachfolgende Schläge aufbrechen. Schließlich hängt die Haut des Rückens in langen Streifen herab, und der ganze Körper ist eine unkenntliche Masse von aufgerissenem, blutendem Gewebe. Wenn der Zenturio vom Dienst feststellt, daß der Gefangene dem Tode nahe ist, werden die Schläge eingestellt.«

Eusebius, ein Historiker des 3. Jahrhunderts, bestätigt Dr. Davis' Schilderung, indem er schreibt:»Die Venen des Leidenden wurden freigelegt, und die Muskeln, Sehnen und Eingeweide des Opfers waren entblößt.« Will Durant sagt, der Körper blieb als»eine Masse von geschwollenem, blutigem Fleisch« zurück. Es war Brauch, nach der Geißelung den Verurteilten zu verspotten, und das taten die römischen Soldaten mit Christus. Sie legten ein purpurnes Gewand als Symbol des Königtums um seine Schultern und setzten eine ,,Dornenkrone'' auf seinen Kopf.

Eine Dornenkrone

Welche Art von Dornen für die Krone verwendet wurde, ist nicht bekannt. Eine stammt von einer Pflanze, die als ,,Syrischer Christusdorn'' bezeichnet wird, einem ungefähr 30 cm hohen Strauch mit zwei langen, spitzen, gebogenen Dornen am Ende eines jeden Blattes. Diese Pflanze ist in Palästina verbreitet, vor allem in der Gegend um Golgatha, wo Christus gekreuzigt wurde.

Eine andere Pflanze, einfach Christusdorn genannt, ist ein winziger Strauch, 10 bis 20 cm hoch. Seine Dornen sind leicht zu pflücken. Die Zweige können leicht zur Form einer Krone gebogen werden; die Dornen sind steif wie Nägel oder Stacheln.

Nachdem sie die Dornenkrone auf Christi Haupt gesetzt hatten, verspotteten sie ihn, indem sie sagten:»Gegrüßet seist du, der Juden König!« Sie spuckten ihn auch an und schlugen ihn mit einem Rohr. Dann führten sie ihn fort, um ihn zu kreuzigen.

Die Last des Kreuzes

Ein Mann, der zur Kreuzigung verurteilt war, mußte sein eigenes Kreuz vom Gefängnis zum Ort seiner Hinrichtung tragen. Dieses Kreuz hat eine einzigartige Geschichte. Die Forschung von Dr. Pierre Barbet hat ergeben, daß »die *Furca* ein Stück Holz in Form eines umgedrehten V war, auf dem die Deichseln der zweirädrigen Karren lagen, wenn sie im Stall standen. Wenn ein Sklave bestraft werden sollte, legte man die *Furca* auf seinen Nacken und band seine Hände darauf fest. So wurde er durch die Nachbarschaft getrieben, wobei er sein Vergehen ausrufen mußte. Da nicht immer eine *Furca* verfügbar war, ging man dazu über, einen langen Holzbalken zu verwenden, der dazu diente, Tore zu verriegeln und den man als *Patibulum* bezeichnete. Das Patibulum wog ungefähr 50 kg und wurde auf die Schultern des Opfers gebunden.«

Kreuzigung mit Nägeln

Wenn der Verurteilte den Ort der Hinrichtung erreichte, wurde er an das Kreuz genagelt oder mit Seilen daran festgebunden. Viele haben die historische Richtigkeit des Annagelns von Händen und Füßen in Frage gestellt. Der Grund für diese Skepsis ist, daß es dafür so gut wie keinen Beweis in der Geschichte gab. Dr. J. W. Hewitt sagte in seinem Artikel „Der Gebrauch von Nägeln bei der Kreuzigung" im „Harvard Theological Review": »Um es zusammenzufassen: es gibt erstaunlich wenig Beweise dafür, daß die Füße eines gekreuzigten Menschen jemals von Nägeln durchbohrt wurden.« Er sagte weiter, daß die Hände und Füße des Opfers mit Stricken am Kreuz festgebunden wurden.

Jahrelang galt Dr. Hewitts Feststellung als letztes und maßgebendes Wort. Die Schlußfolgerung war daher, daß der Bericht des Neuen Testaments, Christus sei ans Kreuz genagelt worden, falsch und irreführend sei. Die Kreuzigung mit Nägeln wurde als Legende betrachtet. Man glaubte, die Nägel hätten das Fleisch aufgerissen und einen Körper am Kreuz nicht tragen können.

Ein toter Mann spricht

Dann wurde im Juni 1968 eine revolutionäre archäologische Entdeckung gemacht. Unter der Leitung des israelischen Ministeriums für

Altertümer und Museen entdeckte der Archäologe V. Tzaferis in Giv'at ha-Mivtar (Ras el-Masaref) in der Nähe des Skopusberges, nördlich von Jerusalem, vier Felsgräber. Diese Familiengräber, die in den weichen Kalkstein geschlagen worden waren, stammen aus der Zeit des späten 2. Jahrhunderts v. Chr. bis 70 n. Chr. Vorhöfe führten zu den Grabkammern, die in 15 Kalksteinossarien die Knochen von 35 Personen enthielten.

Die Feuchtigkeit hatte in vielen Fällen eine Erhaltung der Knochen bewirkt. In fünf Fällen fand man Hinweise auf einen gewaltsamen Tod: einer durch den Schlag mit einer Keule, ein anderer durch einen Pfeil und ein weiterer durch Kreuzigung. Die Skelette wurden von Dr. N. Haas von der anatomischen Abteilung der Hebräischen Universität und der „Hadassah Medical School" untersucht.

Grab I — durch seine enthaltene Tongefäße ins 1. Jh. n. Chr. datiert — wies eine Anzahl von Ossarien auf. In Ossarium 4, das mit dem Namen Yohanan Ben Ha'galgal beschriftet ist, wurden die Knochen eines männlichen Erwachsenen und eines Kindes gefunden. Ein 17,5 cm langer Nagel war durch das Fersenbein getrieben und beide Beine waren gebrochen worden. Haas berichtete:»Beide Fersenbeine waren von einem großen Eisennagel durchbohrt. Die Schienbeine waren absichtlich gebrochen worden. Todesursache: Kreuzigung.«

Diese Entdeckung aus der Zeit Christi bildet einen soliden archäologischen Beweis für das Annageln von Menschen an ein hölzernes Kreuz. Diese Hinrichtungsmethode, wie sie auch im Neuen Testament beschrieben wird, ist also jetzt nicht mehr ausschließlich durch literarische Belege bezeugt worden.

Die Knochen in Ossarium 4 bestätigen noch eine weitere Aussage des Neuen Testaments:»Da kamen die Kriegsknechte und brachen dem ersten die Beine und dem andern, der mit ihm gekreuzigt war. Als sie aber zu Jesus kamen und sahen, daß er schon gestorben war, brachen sie ihm die Beine nicht.

Grund für das Brechen der Beine

Hier findet sich wieder ein konkreter Beweis, der den Hinweis des Neuen Testaments auf das Brechen der Beine bestätigt. Um verstehen zu können, warum die Beine gebrochen wurden, muß man den Vorgang der Hinrichtung untersuchen. Die Soldaten fühlten nach der Vertiefung an der Vorderseite des Handgelenks und schlugen dann an dieser

Stelle den schweren schmiedeeisernen Nagel ein. Als nächstes wurden die Beine zusammengelegt und ein langer Nagel hindurchgeschlagen. Die Knie waren leicht gebeugt, und für die Oberschenkel des Opfers wurde ein Sitz, *sedecula* genannt, am Kreuz befestigt.

Haas gewann am Beispiel von Yohanan die Erkenntnis, daß »die Füße fast parallel befestigt wurden, beide von demselben Nagel an den aneinandergelegten Fersen durchbohrt. Die Knie waren gebeugt, das rechte lag über dem linken; der Rumpf war verdreht; die oberen Gliedmaßen waren ausgestreckt, jedes am Unterarm, oberhalb des Handgelenks, von einem Nagel durchbohrt.«

Die folgende Zeichnung verdeutlicht die Position des an ein Kreuz genagelten Körpers.

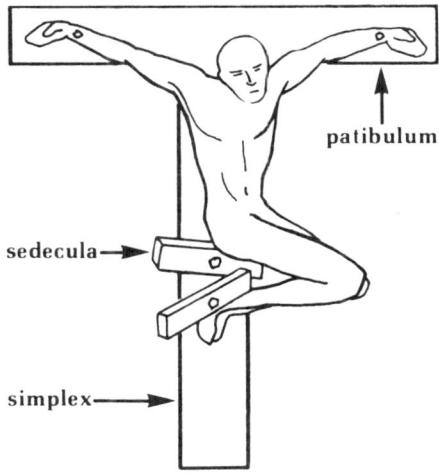

Eine Kreuzigung wurde üblicherweise durch das Brechen der Beine beendet. Dadurch wurde verhindert, daß das Opfer sich aufrichten konnte, um zu atmen.

Dr. Truman Davis, der Arzt, den ich schon oben zitierte, beschreibt, was im menschlichen Körper, der kurze Zeit am Kreuz hängt, vorgeht: »Wenn die Arme ermüden, verursachen starke Muskelkrämpfe unbarmherzig pochende Schmerzen. Zu diesen Schmerzen kommt die Unfähigkeit, sich aufrichten zu können. Wenn er an den Armen hängt, werden die Brustmuskeln gelähmt, und die zwischen den Rippen liegenden Muskeln können nicht mehr arbeiten. Die Luft kann in die Lungen eingesogen, aber nicht mehr ausgeatmet werden. Der Gekreuzigte kämpft, um sich aufzurichten und dadurch wenigstens einen kurzen Atemzug tun zu können. Schließlich sammelt sich Kohlendioxyd in den Lungen und im Blutstrom, und die Krämpfe lassen teilweise nach. Stoßweise kann er sich aufrichten, um auszuatmen und den lebensnotwendigen Sauerstoff einzuatmen.«

Nach einer Weile stellt sich ein orthostatischer Kollaps aufgrund unzureichender Blutversorgung des Gehirns und des Herzens ein. Die einzige Möglichkeit für das Opfer, dies zu vermeiden, wäre, sich mit den Füßen aufzurichten, um die Blutzirkulation im oberen Teil des Körpers bis zu einem gewissen Grade wiederherzustellen. Wenn die Richter den Tod beschleunigen oder die Folter beenden wollten, wurden die Beine des Opfers unterhalb der Knie mit einer Keule gebrochen. Dadurch wurde verhindert, daß es sich aufstützen konnte, um den Zug an den Brustmuskeln zu verringern. Es folgte entweder schnelles Ersticken oder Herzversagen. Im Falle Christi wurden die Beine der beiden mit ihm gekreuzigten Diebe gebrochen, die Beine Christi aber nicht, da die Henker sahen, daß er schon tot war.

Hervorquellen von Blut und Wasser

Einer der Henker stieß einen Speer in Christi Seite und, wie Johannes 19,34 berichtet, »ging alsbald Blut und Wasser heraus.« Dr. Davis berichtet, daß es »zu einem Abfluß von wässriger Flüssigkeit aus dem Beutel kam, der das Herz umgibt. Wir haben daher einen sehr schlüssigen Beweis dafür, daß Christus nicht den normalen Kreuzigungstod durch Ersticken starb, sondern an einem Herzversagen, das durch einen Schock und das Zusammenpressen des Herzens durch die Flüssigkeit im Herzbeutel verursacht wurde.

Dr. Stuart Bergsma, ein Arzt und Chirurg, schreibt: »Bei guter Gesundheit ist normalerweise eine kleine Menge, etwa 20 oder 30 ccm, Herzbeutelwasser vorhanden. Es ist möglich, daß durch die Wunde, die Herzbeutel und Herz durchdringt, genug Herzbeutelwasser ausfließt, um als Wasser bezeichnet zu werden.«

Dr. Bergsma berichtet weiter, daß die postmortalen Untersuchungen von zerrissenen Herzen in mehreren Fällen zeigen, daß »die Herzbeutelhöhle mit ungefähr 500 ccm wässriger Flüssigkeit und frisch geronnenem Blut gefüllt war.«

Zwei andere medizinische Autoritäten stellen fest, daß in Fällen von Herzrissen »der Tod gewöhnlich so plötzlich eintritt, daß man häufig die Person tot zusammenbrechen sieht oder tot auffindet. In der großen Mehrzahl der Fälle handelt es sich um einen vollständigen Riß der Herzwand, der eine starke Herzbeutelblutung hervorruft.«

Römische Bräuche angewendet

Nachdem man das Opfer ans Kreuz genagelt hatte, wurde eine Beschreibung seines Verbrechens am oberen Teil des Kreuzes befestigt. Die Inschrift im Falle Christi lautete: »Jesus von Nazareth, der König der Juden.«

Nach ihrem Brauch teilten die römischen Soldaten gewöhnlich die Kleider des Opfers untereinander auf. Doch bei Jesus gab es nur ein Kleidungsstück. Deshalb losten sie darum.

Pilatus verlangte eine Bestätigung für Christi Tod, ehe der Leichnam an Joseph von Arimathia übergeben werden durfte. Er erlaubte die Herunternahme des Leichnams Christi vom Kreuz erst, nachdem vier Henker seinen Tod eindeutig festgestellt hatten.

Eine gut erledigte Arbeit

Die Zuverlässigkeit einer zum sicheren Tode führenden Hinrichtung durch Kreuzigung war zur Zeit Christi wohlbekannt. Dr. Paul L. Maier, Professor für Alte Geschichte an der Western Michigan Universität, schreibt: »Stimmt, es gibt Berichte von einem Fall, in dem ein Opfer vom Kreuz genommen wurde und überlebte. Der jüdische Historiker Josephus, der in der Rebellion des Jahres 66 n. Chr. auf die römische Seite übergelaufen war, beobachtete, wie drei seiner Freunde gekreuzigt wurden. Er bat den römischen General Titus, sie zu begnadigen, und sie wurden sofort von ihren Kreuzen abgenommen.

Trotzdem starben zwei von ihnen, obwohl sie offenbar nur kurze Zeit am Kreuz gehangen hatten. Im Falle Jesu wurden jedoch noch zusätzliche Foltermaßnahmen getroffen, z.B. Geißelung und ganz zu schweigen von dem schweren Speerstoß, der seinen Brustkorb durchbohrte und wahrscheinlich den Herzbeutel zerriß. Die Römer waren bei Kreuzigungen ungemein tüchtig: Die Opfer kamen *nicht* mit dem Leben davon.«

SICHERHEITSMASSNAHME 3 — Massives Felsgrab

Der Leichnam Christi wurde in ein neues Grab gelegt, das in einem privaten Begräbnisgrund in massiven Fels gehauen war. Jüdische Gräber hatten gewöhnlich einen 1,30 bis 1,50 m hohen Eingang. Nach der Auferstehung gerieten die Frauen in Panik, als sie das Grab gestört sahen. Sie liefen zurück und erzählten es den Männern. Petrus und Johannes kamen eilend zum Grab, und die Bibel sagt: Johannes»beugte sich vor und sah hinein.« Johannes beugte sich vor, weil der Eingang nur 1,30 bis 1,50 m hoch war. Er war kein Zwerg und hatte kein Interesse, sich seinen Kopf zu stoßen.

Die meisten Gräber dieser Zeit hatten einen Vorraum, der in die Grabkammer führte. Eine rechteckige Grube in der Mitte der Grabkammer ermöglichte es, aufrecht zu stehen. Entlang der Wände gab es eine Anzahl von Podesten oder Bänken, auf die man den Leichnam legte. Oft diente ein erhöhter Teil als Kopfkissen.

Vor den frühen Grüften war eine Furche oder Rinne in den Fels gehauen worden, die den Stein hielt, der sie verschloß. Die Rinne war so angelegt, daß ihre tiefste Stelle unmittelbar vor dem Eingang lag. Wenn der Block, der den Stein arretierte, entfernt wurde, rollte der Stein hinunter und legte sich von selbst vor die Öffnung des Grabes.

SICHERHEITSMASSNAHME 4 — Jüdisches Begräbnis

Eine vierte ,,Sicherheitsmaßnahme'' war die Bestattungsart. Das Neue Testament sagt sehr deutlich, daß das Begräbnis Christi den Bräuchen der Juden folgte.

Niemals über Nacht

Er wurde vom Kreuz genommen und mit einem Tuch bedeckt. Die Juden waren sehr streng darauf bedacht, daß der Körper nicht die ganze Nacht hindurch am Kreuz hängen blieb:»Wenn man ihn über Nacht hängen läßt, wird damit ein Verbot übertreten. Denn es steht geschrieben: Sein Körper soll nicht die ganze Nacht am Baum bleiben, sondern ihr sollt ihn noch am selben Tag begraben.«

Der Leichnam Christi wurde sofort zur Begräbnisstätte gebracht, in ein Privatgrab in der Nähe von Golgatha, wo er gekreuzigt wurde.

Vorbereitung des Leichnams

Zur Vorbereitung für das Begräbnis legten die Juden den Leichnam auf einen Steintisch in der Grabkammer. Zuerst wurde der Körper mit warmem Wasser gewaschen. Der Babylonische Talmud, die Kommentare der Juden, berichtet, das Waschen des Körpers sei für ein ordentliches Begräbnis so wichtig gewesen, daß es den Juden sogar am Sabbat erlaubt war.

A. P. Bender schreibt in einem Aufsatz im ,,Jewish Quarterly Review'' mit dem Titel ,,Glauben, Riten und Bräuche der Juden in Zusammenhang mit Tod, Begräbnis und Trauer'', daß gemäß den alten Bräuchen der Juden »das Wasser, das zur Reinigung des Toten gebraucht wird, angewärmt sein muß. Die Zeremonie der Körperwaschung darf nicht von einer Person allein durchgeführt werden, nicht einmal im Falle eines Kindes. Der Tote darf ebenfalls nicht von weniger als zwei Personen von einer Lage in eine andere gebracht werden. Der Leichnam wird auf einen Tisch gelegt, die Füße zur Tür gerichtet, und mit einem reinen Tuch bedeckt. Der Körper wird nun von Kopf bis Fuß mit lauwarmem Wasser gewaschen. Während dieser Prozedur ist der Mund bedeckt, so daß kein Wasser hineintropfen kann.

Zuerst liegt der Tote mit nach oben gerichtetem Gesicht; als nächstes wird er auf die rechte Seite gedreht, während die linke Seite und ein Teil des Rückens gewaschen werden. Dann dreht man ihn auf die linke Seite, damit die rechte Seite und der übrige Teil des Rückens derselben Behandlung unterzogen werden kann, wonach man den Leichnam auf den Rücken legt. In manchen Fällen schneidet man die Nägel, aber im allgemeinen werden sie einfach mit einem besonderen Stäbchen gereinigt, während man das Haar oft so frisiert, wie es im Leben getragen wurde. Während dieser Zeremonie rezitieren diejenigen, die sie durchführen, einige Verse, die mit den Worten enden: ,,Und ich will reines Wasser über euch sprengen, daß ihr rein werdet'' (Hesekiel 36,25).

Der Tisch, auf dem der Leichnam lag, wird gereinigt, und alles Wasser, das verschüttet wurde, wird aufgewischt, so daß niemand darübergehen kann. Das Umstoßen des Tisches ist gefahrvoll; es könnte innerhalb von drei Tagen den Tod herbeiführen.«

Gebrauch aromatischer Spezereien

Wie das Neue Testament berichtet, war es Sitte, den Leichnam nach der Reinigung mit verschiedenen Arten von aromatischen Spezereien zu behandeln.

Beim Begräbnis Christi wurden 100 Pfund Spezereien verwendet. Man könnte das als beträchtlich ansehen, aber es war keine große Menge für einen Führer. Gamaliel, der Enkel des berühmten jüdischen Gelehrten Hillel, war beispielsweise ein Zeitgenosse Jesu. Saulus von Tarsus studierte bei ihm. Als Gamaliel starb, gebrauchte man 86 Pfund Spezereien. Josephus, der jüdische Historiker, berichtet, daß beim Tode des Herodes 500 Diener notwendig waren, um die Spezereien zu tragen. So waren 100 Pfund also nicht ungewöhnlich.

Das Leintuch

Nachdem alle Gliedmaßen gerade gerichtet worden waren, wurde der Leichnam in Grabgewänder aus weißem Leinen gekleidet. Der Stoff durfte nicht die geringste Verzierung oder Flecken tragen. Das Grabtuch wurde von Frauen zusammengenäht. Knoten waren nicht erlaubt. Für die einen sollte das symbolisieren, daß der Geist des Toten »befreit war von den Sorgen des Lebens«. Für andere bedeutete es die Fortdauer der Seele in der Ewigkeit. Niemand durfte in weniger als drei einzelnen Gewändern bestattet werden.

Ich persönlich bin sehr skeptisch bezüglich des Grabtuches von Turin. Das Tuch wird von vielen für das echte Grabtuch Christi gehalten. Meine großen Vorbehalte sind im einzelnen in meinem Buch „Answers to Tough Questions" aufgeführt.

An dieser Stelle wurden die aromatischen Spezereien, die aus Teilen eines duftenden Holzes bestanden, das zu einem Puder, genannt Aloe, zerstampft wurde, mit einer klebrigen Substanz, der Myrrhe, vermischt.

An den Füßen beginnend, umwickelte man den Körper mit dem Leinentuch. Zwischen die Falten legte man die mit der klebrigen Myrrhe vermischten Spezereien. Man wickelte bis zu den Achselhöhlen, legte die Arme an und wickelte dann bis zum Hals. Ein separates Stück Leinen wurde um den Kopf gewickelt. Ich schätze, daß eine Umhüllung zwischen 117 und 120 Pfund wog.

Johannes Chrysostomus sagte dazu im 4. Jh. n. Chr.: »Die benutzte Myrrhe war ein Mittel, das so fest am Körper haftete, daß die Grabtücher nur sehr schwer entfernt werden konnten.«

56

SICHERHEITSMASSNAHME 5 — Sehr großer Stein

Matthäus berichtet in seinen Schriften, daß ein sehr großer Stein vor das Grab gerollt wurde. Markus sagt, der Stein sei außerordentlich groß gewesen. In der heutigen Sprache würde er gesagt haben:»Leute, seht euch diesen Brocken an!« Wie groß war denn nun dieser Stein?

20 Männer konnten ihn nicht bewegen

Im Abschnitt Markus 16,4 des ,,Bezae-Manuskripts`` in der Bibliothek von Cambridge in England befindet sich eine eingeschaltete Angabe, die hinzufügt:»... denn als er dorthin gelegt worden war, hatte Joseph einen Stein vor das Grab gelegt, den *20 Männer nicht wegrollen konnten.*«

Die Bedeutung dieser Bemerkung wird verständlich, wenn man die Regeln für die Abschrift von Manuskripten in Betracht zieht. Es war üblich, daß ein Kopist, wenn er seine eigene Interpretation hervorhob, seine Gedanken an den Rand schrieb und nicht in den Text einschloß. Man könnte daher schließen, daß die Einfügung in den Text von einem anderen Text kopiert wurde, der der Zeit Christi noch näher lag, vielleicht aus einem Manuskript des 1. Jhs. Diese Aussage könnte dann von einem Augenzeugen überliefert worden sein, der von der enormen Größe des Steins beeindruckt war, den man vor das Grab Jesu rollte.

1¹/₂ bis 2 Tonnen Gewicht

Nach meiner Vorlesung an der Technischen Hochschule in Georgia machten zwei Professoren für Ingenieurwesen zusammen mit anderen Fakultätsmitgliedern eine Reise durch Israel. Sie erinnerten sich an die Bemerkungen, die ich zu der Größe des Steins gemacht hatte. Die Ingenieure berechneten das Volumen des Steins, das notwendig war, um einen Eingang von 1,30 bis 1,50 m Höhe zu verschließen.

Später schrieben sie mir einen Brief, der all die technischen Ausdrücke enthielt, aber auf der Rückseite faßten sie ihre Schlußfolgerungen in einfacher Sprache zusammen.

Sie sagte, ein Stein dieser Größe müsse ein Mindestgewicht von 1500 bis 2000 kg gehabt haben. Kein Wunder, daß Matthäus und Markus berichten, der Stein sei außerordentlich groß gewesen.

Man könnte fragen: »Wenn der Stein so groß war, wie konnte Joseph ihn dann überhaupt an seinen Platz bringen?« Er gab ihm einfach einen Stoß und überließ den Rest der Schwerkraft. Der Stein war von einem Keil gehalten worden, da er in einer Rinne oder einer Furche lag, die sich zur Front des Grabes hin senkte. Als der Keil entfernt wurde, rollte der schwere runde Stein einfach an seinen Platz.

SICHERHEITSMASSNAHME 6 — Römische Wache

Die jüdischen Würdenträger waren beunruhigt, weil sich Tausende Christus zuwandten. Um politische Probleme zu vermeiden, war es sowohl für die Römer als auch für die Juden von Vorteil, sicherzustellen, daß Jesus beseitigt wurde.

So kamen die Oberpriester und Pharisäer zusammen zu Pilatus und sagten:»Herr, uns ist eingefallen, daß dieser Schwindler behauptet hat, er werde drei Tage nach seinem Tod auferweckt werden. Gib deshalb Anweisung, das Grab bis zum dritten Tag streng zu bewachen! Sonst könnten seine Jünger die Leiche stehlen und dann unserem Volk erzählen, er sei vom Tod auferweckt worden. Dieser letzte Betrug wäre dann noch viel schlimmer als die Lügen vorher.«

Pilatus sagte zu ihnen:»Ich gebe euch eine Wache. Geht und sichert das Grab, wie ihr es für nötig haltet!« Und so »gingen sie zum Grab, versiegelten den Stein am Eingang gemeinsam mit der Wache und ließen diese beim Grab zurück.« Manche Leute sind der Meinung, daß Pilatus sagte:»Seht, ihr habt doch eure eigene Tempelpolizei. Nehmt eure Tempelpolizei und verwahrt es selbst.«

Die Tempelpolizei

Nun, wenn jemand sagen wollte, es sei die Tempelwache gewesen, müßte er zunächst feststellen, woraus diese Wache bestand. Sie bestand aus zehn Leviten, die an verschiedenen Stellen des Tempels ihren Dienst versahen. Die Gesamtzahl der diensthabenden Männer betrug 270. Das bedeutete 27 Einheiten zu zehn Mann. Die militärische Disziplin der Tempelwache war sehr gut. Wurde ein Mitglied der Wache vom Hauptmann nachts schlafend angetroffen, wurde es geschlagen und mit seinen Kleidern verbrannt. Einem Mitglied der Wache war es auch verboten, sich während der Dienstzeit zu setzen oder anzulehnen.

Eine römische Wache

Ich bin jedoch sicher, daß die römische Garde am Grab Christi aufgestellt wurde, um es zu sichern. A. T. Robertson, ein anerkannter Fachmann für Griechisch, sagt, daß dieser Satz im Imperativ-Präsens steht und sich nur auf eine römische Wache beziehen kann, nicht auf die Tempelpolizei. Nach seiner Meinung sagte Pilatus wörtlich:»Ihr sollt die Hüter haben.« Robertson fügt hinzu, daß der lateinische Ausdruck *custodia* schon im *Oxyrhychos-Papyrus* als Bezeichnung der römischen Garde vorkommt. Die Juden wußten, daß Pilatus den Frieden halten wollte; deshalb waren sie sicher, daß er ihnen geben würde, was sie verlangten. Was war die römische Garde?

Ein römischer Kustode tat mehr, als ein Gebäude bewachen. Das Wort *custodia* bezeichnete die Wacheinheit der römischen Legion. Diese Einheit war das Ergebnis einer der größten Angriffs- und Verteidigungsideen, die jemals ersonnen wurden.

Eine nützliche Quelle für das Verständnis der römischen Garde ist Flavius Vegitius Renatus. Seine Freunde nannten ihn Vegitius. Er lebte als Militärhistoriker mehrere Jahrhunderte nach der Zeit Christi, als die römische Armee sich anschickte, ihre strenge Disziplin zu vernachlässigen. Er schrieb ein Handbuch für den römischen Kaiser Valentinian, um ihn zu ermutigen, die Methoden der offensiven und defensiven Kriegsführung wieder einzuführen, die die Römer zur Zeit Christi angewendet hatten. Es trägt den Titel „Die militärischen Institutionen der Römer" und ist heute ein Klassiker.

Vegitius wollte, daß die römischen Armeen die Wirksamkeit und Macht wiedererlangten, die sie zur Zeit Christi ausgezeichnet hatten. Diese Armeen waren großartig gewesen, weil sie hoch diszipliniert waren. Er schrieb:»Ein Sieg im Krieg hängt nicht ausschließlich von der Summe der Tapferkeit ab; nur Geschicklichkeit und Disziplin werden ihn sichern. Wir finden, daß die Römer die Eroberung der Welt keinem anderen Grund verdankten, als fortgesetztem militärischem Training, genauer Einhaltung der Disziplin in ihren Feldlagern und unablässiger Pflege der anderen Kriegskünste.«

Es gibt zwei weitere ausgezeichnete Quellen. An der Universität von Indiana schrieb Dr. George Currie seine Doktorarbeit über den römischen Kustoden, und Dr. Smith gab ein Wörterbuch heraus mit dem Titel „Dictionary of Greek und Roman Antiquities" (Wörterbuch der griechischen und römischen Altertümer).

Die Stärke der römischen Wache

Diese und andere Quellen weisen darauf hin, daß die römische Wache keine Ein-, Zwei- oder Dreimanntruppe war. Geringschätzige Bilder vom Grab Jesu Christi zeigen ein oder zwei Männer, die mit hölzernen Speeren und Miniröcken herumstehen. Das ist wirklich lächerlich. Eine römische Wacheinheit war eine Sicherheitstruppe von 4 bis 16 Mann. Jeder Mann war ausgebildet, um 4 m² Boden zu schützen. Die 16 Männer, in Viererreihen im Quadrat aufgestellt, sollten in der Lage sein, 64 m² gegen ein ganzes Bataillon zu verteidigen und zu halten. Normalerweise taten sie folgendes: Vier Männer waren unmittelbar vor dem zu schützenden Objekt plaziert. Die anderen zwölf schliefen in einem Halbkreis vor ihnen, mit den Köpfen nach innen gerichtet. Um zu stehlen, was diese Wachen beschützten, müßten Diebe zuerst über die Schlafenden hinwegsteigen. Alle vier Stunden wurde eine neue Viererreinheit geweckt und diejenigen, die gewacht hatten, legten sich schlafen. Auf diese Weise lösten sie einander rund um die Uhr ab.

Der Historiker Dr. Paul Maier schreibt:»Petrus wurde von vier Abteilungen zu je vier Mann bewacht, als er von Herodes Agrippa ins Gefängnis geworfen wurde. 16 ist also die *außerhalb* eines Gefängnisses zu erwartende Mindestzahl. Die Wachen schliefen in alter Zeit immer in Schichten. So war es für Eindringlinge tatsächlich unmöglich, über all die schlafenden Gesichter hinwegzugehen«, ohne sie zu wecken.

Hoherpriester bietet Bestechung an

Auch Matthäus berichtet, daß es sich um eine vielköpfige Truppe handelte, wenn er schreibt:»... da kamen einige Wächter zurück in die Stadt und meldeten den Hohenpriestern, was geschehen war.«

Ein Kritiker könnte an dieser Stelle einwenden und sagen:»Sie kamen zum Hohenpriester. Das zeigt doch, daß es sich um die Tempelwache handelte.« Aus dem Zusammenhang wird jedoch klar, daß sie zum Hohenpriester kamen, weil er Einfluß bei den römischen Behörden hatte und es die einzige Möglichkeit für sie war, ihren Kopf zu retten. Der Hohepriester versuchte, sie zu bestechen, was ein Hohn gewesen wäre, hätte es sich um die Tempelwache gehandelt. Er gab ihnen Geld und sagte ihnen, was sie den Leuten erzählen sollten. Er sagte, wenn die Nachricht Pilatus erreichte, werde er, der Hohepriester, verhindern, daß sie getötet würden. Normalerweise hatten sie die Todesstrafe zu erwarten, da die Geschichte lautete, sie seien eingeschlafen, während sie das Grab bewachten.

Es ist bedeutsam, daß der Statthalter beruhigt werden mußte, denn ich habe in der Geschichte keinen Bericht finden können, der darauf hingewiesen hätte, daß der römische Statthalter irgend etwas mit der Tempelpolizei zu tun hatte. Selbst wenn die Wache am Grab aus der Tempelpolizei bestanden hätte, wäre die Sicherheit nicht weniger vollständig gewesen.

Eine Kampfmaschine

T. G. Tucker beschreibt in seinem Buch „Life in the Roman World of Nero and St. Paul" einen dieser Wachsoldaten:»Über seiner Brust und mit Klappen auf den Schultern trägt er einen ledernen Brustharnisch, der mit ringförmigen Lagen oder vielleicht auch Schuppen aus Eisen oder Bronze bedeckt ist. Auf seinem Kopf trägt er einen glatten, topfähnlichen Helm oder eine Schädelkappe aus Eisen. In seiner rechten Hand hält er den berühmten römischen Spieß. Das ist eine kräftige Waffe, über 1,80 m lang. Sie besteht aus einer scharfen Eisenspitze, die an einem hölzernen Schaft befestigt ist, und der Soldat kann ihn entweder wie ein Bajonett benutzen oder wie einen Speer werfen und dann den Nahkampf mit seinem Schwert führen.

Sein rechter Arm trägt einen Schild, der verschiedene Formen haben kann. Der Schild wird nicht nur an einem Griff getragen, sondern kann noch durch einen Gurt über der rechten Schulter gestützt werden. Das Schwert — eher eine Stoß- als eine Schlagwaffe — hängt an der rechten Seite an einem Gurt, der über die linke Schulter läuft. An der linken Seite trägt der Soldat einen Dolch im Gürtel.«

Polybius, der griechische Historiker des 2. Jhs. v. Chr., berichtet, daß zusätzlich dazu,»die Männer mit einem Kopfputz aus Federn geschmückt sind, entweder purpurn oder schwarz, ungefähr 45 cm lang. Wenn sie diesen auf den Kopf setzen und die anderen Waffen anlegen, dann erscheint ein Mann doppelt so groß wie er wirklich ist, und seine Erscheinung für den Feind ist wirkungsvoll und erschreckend. Die Männer der untersten Besitzklassen tragen auch eine Bronzeplatte, 20 cm im Quadrat, die sie vor ihrer Brust befestigen und als Herzschutz bezeichnen; dies vervollständigt ihre Ausrüstung. Aber diejenigen, die mehr als 10 000 Drachmen wert sind, tragen statt eines Herzschutzes neben ihrer übrigen Ausrüstung ein Panzerhemd.«

Eine strenge Disziplin

Tucker weist darauf hin, daß ein Wachsoldat, wenn er zu seiner Einheit kam, »einen feierlichen Eid ablegen mußte, daß er treu allen Befehlen seines Oberkommandierenden, des Kaisers, der durch seine Offiziere repräsentiert wurde, folgen werde. Diesen Eid wiederholte er an jedem 1. Januar und am Jahrestag der Thronbesteigung des Kaisers.

SICHERHEITSMASSNAHME 7 — Römisches Siegel

Matthäus berichtet: »Sie gingen zum Grab und versiegelten den Stein am Eingang gemeinsam mit der Wache.« A. T. Robertson sagt, daß dieses Siegel nur in Gegenwart der diensthabenden römischen Wache am Stein befestigt werden konnte. Vegitius weist auf denselben Sachverhalt hin. Der Sinn dieser Prozedur war, zu verhindern, daß irgend jemand den Grabinhalt antasten konnte.

Nachdem die Wache das Grab inspiziert hatte, wurde ein Seil über den Stein gespannt. Dieses wurde an beiden Enden mit Siegelton befestigt. Schließlich wurden die Tonklumpen mit dem offiziellen Zeichen des römischen Statthalters versiegelt.

Eine Parallele dazu findet man bei Daniel: »Ein Stein wurde auf die Öffnung der Grube gewälzt und mit dem Siegel des Königs und seiner höchsten Beamten versiegelt, damit niemand Daniel befreien und die Vollstreckung des Urteils verhindern konnte.«

Zweck des Siegels

Henry Sumner Maine, Mitglied des ,,Supreme Council'' von Indiana, ehemaliger Professor für Zivilrecht an der Universität Cambridge, sagte zu der rechtlichen Autorität, die mit dem römischen Siegel verbunden war: »Siegel galten im Altertum als eine Art der Beglaubigung.«

Etwas zu beglaubigen bedeutet einfach, zu bestätigen, daß es echt oder original ist. So war das Siegel an Jesu Grab ein öffentliches Zeugnis dafür, daß der Leichnam Jesu tatsächlich dort war. Außerdem bestätigte dieses Siegel, da es ein römisches war, die Tatsache, daß sein Leichnam durch nichts geringeres als die Macht und Autorität des römischen Reiches vor Wandalen geschützt war.

Jeder der versucht hätte, den Stein vom Grabeingang fortzubewegen, hätte das Siegel gebrochen und so den Zorn des römischen Gesetzes und der römischen Macht auf sich gezogen.

Warnung für Grabräuber

In Nazareth wurde eine Marmortafel mit einer sehr interessanten Inschrift entdeckt — einer Warnung für Grabräuber. Sie war in Griechisch verfaßt und lautet: »Verordnung des Cäsar. Es ist mein Wille, daß die Gräber und Grüfte auf ewig ungestört bleiben für diejenigen, die sie zur Huldigung ihrer Vorfahren oder Familienmitglieder errichtet haben. Wenn jedoch jemand beschuldigt wird, sie zerstört oder die Bestatteten entfernt zu haben, befehle ich, gegen ihn einen Prozeß zu führen, aus Respekt vor den Göttern und der Verehrung der Gestorbenen. Denn es soll vielmehr die Pflicht sein, die Bestatteten zu ehren. Im Falle einer Übertretung wünsche ich, daß der Verbrecher unter der Anklage der Grabschändung zum Tode verurteilt wird.«

Maier stellt fest: »Alle vorigen römischen Edikte, die Grabschändungen betreffen, setzen nur eine hohe Geldstrafe fest. Man fragt sich, welche anzunehmende schwere Übertretung die römische Regierung dazu veranlaßt haben könnte, die Strafe gerade in Palästina zu verschärfen und eine entsprechende Bekanntmachung ausgerechnet in Nazareth und seiner Umgebung auszugeben.« Es könnte sehr gut eine Reaktion auf den Aufruhr sein, den die Auferstehung Christi verursacht hatte.

Zusammenfassung

Zahlreiche religiöse Ängste und politische Motive boten sowohl den Juden, als auch dem römischen Statthalter, Ponitus Pilatus, hinreichende Gründe, Jesus Christus zu töten. Um sicherzustellen, daß er tot und begraben blieb, wurden sechs wichtige Sicherheitsmaßnahmen getroffen:

1. Christus wurde durch Kreuzigung hingerichtet, eine der wirkungsvollsten, grausamsten und scheußlichsten Hinrichtungsmethoden, die jemals erdacht wurden.

2. Der Leichnam Christi wurde in einem soliden Felsgrab bestattet.

3. Der Leichnam Christi wurde entsprechend den jüdischen Begräbnisbräuchen in mehr als 100 Pfund Spezereien eingewickelt.

4. Der Stein, der vor den Grabeingang gerollt wurde, wog ungefähr zwei Tonnen.

5. Eine römische Sicherheitswache, eine der wirkungsvollsten Kampfeinheiten, wurde aufgestellt, um das Grab zu bewachen.

6. Das Grab wurde mit der offiziellen Autorität und dem Zeichen Roms versiegelt.

TATSACHEN,
MIT DENEN MAN RECHNEN MUSS

Vor fast 2000 Jahren geschah etwas, das den Lauf der Geschichte veränderte. Dieses ,,Etwas" war so dramatisch, daß es das Leben von elf Männern völlig umkrempelte. Das Etwas war ein leeres Grab! Ein leeres Grab — das konnte durch einen 15minütigen Spaziergang vom Zentrum Jerusalems aus bestätigt oder widerlegt werden.

Selbst nach 2000 Jahren der Geschichte ha t die Menschheit das leere Grab und das Erscheinen Jesu Christi nach der Auferstehung nicht vergessen.

Wenn Sie die Geschehnisse um Christus und seine Auferstehung nicht anerkennen wollen, müssen Sie mit einigen Unabwägbarkeiten fertigwerden. Sie könnten sagen, daß die Juden und Römer sich selbst überlisteten, als sie so viele Sicherheitsmaßnahmen trafen, um sicherzustellen, daß Jesus tot war und in seinem Grab blieb. Diese ,,Sicherheitsmaßnahmen" — in Form der Prozesse, der Kreuzigung, Begräbnis, Versiegelung und Bewachung von Christi Grab — machen es den Kritikern der Auferstehung Jesu sehr schwer, ihre Behauptung zu verteidigen. Bedenken Sie folgende Tatsachen:

TATSACHE 1 — Gebrochenes römisches Siegel

Die erste augenfällige Tatsache ist, daß das Siegel, das für die Macht und Autorität des römischen Reiches stand, aufgebrochen war. Die Konsequenzen, die das Brechen eines Siegels nach sich zog, waren schwerwiegend. Das ,,FBI" und ,,CIA" des römischen Reiches wurden eingeschaltet, um den oder die Verantwortlichen zu finden. Wenn sie gefaßt wurden, wurden sie gnadenlos durch Kreuzigung mit dem Kopf nach unten hingerichtet. Die Eingeweide hingen in der Kehle. Deshalb fürchteten sich die Menschen davor, das Siegel zu brechen. Selbst die Jünger zeigten Anzeichen von Feigheit und versteckten sich. Und Petrus verleugnete Christus dreimal.

TATSACHE 2 — Das leere Grab

Eine weitere augenfällige Tatsache nach der Auferstehung ist das leere Grab. Die Jünger Christi gingen nicht fort nach Athen oder Rom, um zu predigen, daß Christus von den Toten auferstanden war; sie gingen sofort zurück in die Stadt Jerusalem, wo ihre Angaben, wenn sie unwahr gewesen wären, sofort hätten widerlegt werden können. Die Botschaft von der Auferstehung hätte in Jerusalem nicht einen Augenblick aufrechterhalten werden können, wäre das Grab nicht wirklich leer gewesen.

Dr. Paul Maier führt aus: »Wo begann das Christentum? Die Antwort darauf muß lauten: ,,Nur an *einem* Ort auf der Erde — in Jerusalem." Aber dies wäre auch der unmöglichste Ort für die Geburtsstätte des Christentums, wenn Jesus im Grab geblieben wäre. Jeder, der einen toten Jesus hätte vorweisen können, hätte einen Speer durch das Herz des entstehenden Christentums gestoßen, das durch Jesu angebliche Auferstehung entflammt war.

Was in Jerusalem sieben Wochen nach dem ersten Ostern geschah, konnte nur stattfinden, wenn der Leichnam Jesu irgendwie aus dem Grab Josephs verschwunden war. Andernfalls hätten die Tempelbehörden in ihrer Auseinandersetzung mit den Aposteln die Bewegung einfach zum Erliegen gebracht, indem sie einen kurzen Ausflug zum Grab des Joseph von Arimathia machten und das Beweisstück enthüllten. Sie taten das nicht, da sie wußten, daß das Grab leer war. Ihre offizielle Erklärung, daß die Jünger den Leichnam gestohlen hatten, war ein Eingeständnis, daß das Grab tatsächlich leer war.«

Historische Bestätigung

Es gibt sowohl jüdische als auch römische Quellen, die das leere Grab bestätigen. Diese Quellen reichen von dem jüdischen Historiker Josephus bis zu einer Sammlung von jüdischen Schriften des 5. Jahrhunderts mit dem Namen Toledoth Jeshu. Maier nennt dies ein »positives Zeugnis einer feindseligen Quelle, was die stärkste Art von historischen Zeugnissen darstellt. Im Kern bedeutet das, wenn gegnerische Quellen eine Tatsache eingestehen, die entschieden *nicht* in ihrem Sinne sind, dann ist diese Tatsache echt.«

Das erste Eingeständnis der Tempelbehörden in bezug auf das leere Grab bestand in der Behauptung, daß die Jünger den Leichnam gestohlen hätten.

Gamaliel, der ein Mitglied des Sanhedrin war, sagte, es sei möglich, daß das Christentum aus Gott sei. Er hätte das nicht sagen können, wenn das Grab nicht leer gewesen wäre oder er gewußt hätte, wo sich der Leichnam Christi befand.

Selbst Justinus der Märtyrer erzählt in seinem ,,Dialog mit Trypho", daß die Behörden von Jerusalem besondere Beauftragte durch das ganze Mittelmeergebiet sandten, um der Geschichte vom leeren Grab mit der Erklärung zu begegnen, daß seine Anhänger den Leichnam gestohlen hätten. Warum sollten die jüdischen Behörden die römische Wache bestechen und die Erklärung vom gestohlenen Leichnam propagieren, *wenn das Grab nicht leer war?*

Der Historiker Ron Sider kam zu dem Schluß: »Wenn die Christen und ihre jüdischen Gegner übereinstimmten, daß das Grab leer war, haben wir kaum eine andere Wahl, als das leere Grab als historische Tatsache zu akzeptieren.«

Tom Anderson, ehemaliger Präsident der Vereinigung der Prozeßanwälte von Kalifornien und Mitautor des Verteidigungshandbuchs der Vereinigung der Prozeßanwälte von Amerika, sagt: »Lassen Sie uns annehmen, Christus sei nicht von den Toten auferstanden. Lassen Sie uns weiter annehmen, daß die schriftlichen Berichte über seine Erscheinungen vor Hunderten von Menschen falsch sind. Ich will dann dazu eine Frage stellen: Halten Sie es da nicht für vernünftig, anzunehmen, daß ein Historiker, ein Augenzeuge oder ein Gegner bei einem so gut publizierten Ereignis für alle Zeit festhalten würde, daß er den Leichnam Christi gesehen habe? ,,Hört zu, ich habe das Grab gesehen — es war nicht leer! Seht, ich war dort! Christus ist nicht von den Toten auferstanden! Ich habe tatsächlich den Leichnam Christi gesehen." Das Schweigen der Geschichte ist betäubend, wenn es um ein Beweismittel gegen die Auferstehung geht.«

Starke Beweise

Paul Maier stellt fest:»Wenn man alle Zeugnisse sorgfältig und fair abwägt, ist es nach den Gesetzen der historischen Forschung tatsächlich gerechtfertigt, zu schließen, daß das Grab des Joseph von Arimathia, das Grab, in dem Jesus bestattet war, am Morgen des ersten Ostertages wirklich leer war. Nicht die Spur eines Beweises ist bisher in den literarischen Quellen, Inschriften oder in der Archäologie gefunden worden, die diese Feststellung widerlegen würde.«

Das leere Grab ist ein stilles Zeugnis für die Auferstehung Jesu Christi, das bis zum heutigen Tag nicht widerlegt worden ist.

TATSACHE 3 — Großer Stein bewegt

An jenem Sonntagmorgen war das erste, das die frühen Besucher des Grabes beeindruckte, die ungewöhnliche Lage des 1¹/₂ bis 2 Tonnen schweren Steins, der ursprünglich den Eingang verschloß. Die Verfasser aller Evangelien berichten, daß der Stein weggerollt worden war.

Einen Hang hinauf gerollt

Zum Beispiel in Matthäus 27 wird gesagt, daß man »einen großen Stein vor die Tür des Grabes *rollte*«. Das hier benutzte griechische Wort ist *kylio*, was *rollen, herabwälzen* bedeutet. Markus gebrauchte dieselbe Wortwurzel *kylio*. Doch in Markus 16 fügt er eine Präposition hinzu, um die Lage des Steins nach der Auferstehung zu erklären.

Im Griechischen wie im Deutschen fügt man einem Verb, um die Richtung zu ändern oder es zu intensivieren, eine Präposition hinzu. Er fügte die Präposition *ana* hinzu, was *auf* oder *hinauf* bedeutet. So kann *anakylio* bedeuten *etwas einen Hang oder eine Neigung hinaufrollen*. Wenn Markus diesen Ausdruck benutzte, muß es einen Hang oder eine Neigung gegeben haben, die zu der Front des Grabes hinunterführte.

Vom Grab weggewälzt

Tatsächlich befand sich der Stein so weit *auf einem Hang,* daß Lukas dieselbe Wortwurzel *kylio* gebrauchte, aber eine andere Präposition, *apo* hinzufügte. *Apo* kann nach den griechischen Wörterbüchern bedeuten *von* — *weg* im Sinne von *entfernt von*. *Apokylio* heißt dann, ein Objekt von einem anderen wegwälzen, im Sinne von *trennen oder entfernen*.

Nun, sie sahen, daß der Stein entfernt worden war, *wovon?* Lassen Sie uns zu Markus Kapitel 16 zurückkehren. Am Sonntagmorgen kamen die Frauen zum Grab.

Vielleicht sagen Sie:»Warten Sie einen Augenblick! Warum kamen diese Frauen eigentlich zum Grab?« Ein Grund war, den Leichnam über den Grabtüchern mit einer Mischung von Spezereien und Parfum zu salben.

Ein anderer könnte fragen:»Warum sollten sie dorthin kommen, wenn doch eine römische Wacheinheit da war, um das Grab zu bewachen?« Das ist ganz einfach: Die Frauen wußten bis Samstagnachmittag nicht, daß die Wache das Grab sicherte. Am Freitag hatten sie beobachtet, wie der Leichnam in einem privaten Begräbnisgrund vorbereitet wurde. Sie lebten in Bethanien und wußten daher nicht, daß die Römer und Juden den Begräbnisplatz Christi extra abgesichert hatten.

Lassen Sie uns noch einmal zu Markus 16 zurückkehren. Die Frauen sagten:»Wer wälzt uns den Stein von des Grabes Tür?« Hier benutzten sie das griechische Wort für *Tür*. Das ist logisch, nicht wahr? *Aber*, als sie dort ankamen, sagten sie:»Wer hat den Stein weggewälzt von ...?« und hier ersetzten sie das griechische Wort für *Tür* durch das Wort, das für das ganze massive Grab benutzt wurde. *Apokylio* heißt dann *weg von* im Sinne *von dem ganzen massiven Grab entfernt*.

Aufgehoben und weggetragen

Tatsächlich war der Stein in einer solchen Lage — den Hang hinauf und weg von dem ganzen massiven Grab —, daß Johannes (Kapitel 20) ein ganz anderes griechisches Verb benutzen mußte, *airo,* was *etwas aufheben und wegtragen* bedeutet.

Nun frage ich Sie: Wenn die Jünger hätten eindringen, um die schlafenden Wachen herumschleichen, dann den Stein beiseiterollen und den Leichnam stehlen wollen, warum sollten sie dann einen 1500 bis 2000 kg schweren Stein einen Hang hinaufbewegen, weg von dem massiven Grab, in eine solche Lage, daß es aussah, als habe jemand ihn aufgehoben und weggetragen? Die Soldaten hätten taub sein müssen, um nicht zu hören, wie der Stein bewegt wurde.

TATSACHE 4 — Römische Wache ohne Erlaubnis abwesend

Die römische Wache floh. Sie verließen den Ort, für den sie verantwortlich waren. Das muß wegerklärt werden, da die militärische Disziplin der Römer außergewöhnlich gut war. Justin erwähnt in seiner „Sammlung" alle Verbrechen, die die Todesstrafe nach sich zogen: ein Kundschafter, der beim Feind bleibt, Desertion, Verlieren oder Verkaufen der Waffen, Ungehorsam in Kriegszeiten, Übersteigen der Mauer oder des Walls, Meuterei, Weigerung, einen Offizier zu schützen oder Verlassen des Postens, ein gemusterter Mann, der sich versteckt, um dem Dienst zu entgehen, Mord, Handanlegen an einen Vorgesetzten oder Beleidigen eines Generals, als erster fliehen, wenn das Beispiel andere beeinflussen kann, Verrat von Plänen an den Feind, Verletzen eines Kameraden mit dem Schwert, Selbstverstümmelung oder versuchter Selbstmord ohne vernünftige Erklärung, Verlassen der Nachtwache, Zerbrechen des Zenturio-Stabs oder Schlagen des Zenturio bei der Bestrafung, Flucht aus dem Wachhaus und Stören des Friedens.

Dem oben Gesagten kann man noch hinzufügen: „Einschlafen". Wenn nicht ersichtlich war, welcher Soldat seine Pflicht verletzt hatte, wurde das Los darüber gezogen, wer für das Versagen der gesamten Wacheinheit mit dem Tode bestraft wurde.

Lebendig verbrannt

Eine Art, einen Wachsoldaten hinzurichten, war, ihm seine Kleider auszuziehen und ihn dann mit einem Feuer, das an seinen Kleidern entzündet wurde, lebendig zu verbrennen. Mit einer solchen Drohung, die ihnen dauernd im Bewußtsein stand, wäre sicher nicht die ganze Einheit eingeschlafen.

Die Geschichte der römischen Disziplin spricht für die Tatsache, daß die Soldaten ihren Posten niemals verlassen hätten, wäre das Grab nicht leer gewesen. Sie wären auch nicht zum Hohenpriester gegangen. Die Furcht vor dem Zorn ihrer Vorgesetzten und die Möglichkeit der Todesstrafe deutet an, daß sie jedes kleinste Detail ihrer Aufgabe genauestens einhielten.

Dr. George Currie, der die militärische Disziplin der Römer sorgfältig studiert hat, schrieb, daß die Furcht vor Strafe »tadellose Aufmerksamkeit im Dienst hervorrief, besonders bei den Nachtwachen.«

Furcht vor Strafe

Dr. Bill White ist verantwortlich für das Gartengrab in Jerusalem. Seine Aufgaben haben ihn veranlaßt, die Auferstehung und die von ihr hervorgerufenen Ereignisse ausführlich zu studieren. White stellt mehrere kritische Anfragen zur Bestechung der römischen Wache durch die jüdischen Behörden:»Wenn der Stein einfach nur auf eine Seite des Grabes gerollt worden wäre, um das Grab zu betreten, dann wäre es gerechtfertigt gewesen, die Männer zu beschuldigen. Wenn die Männer protestierten, das Erdbeben habe das Siegel zerbrochen und der Stein sei durch die Vibrationen zurückgerollt, hätten sie immer noch eine Strafe zu erwarten, da man ihre Flucht als Feigheit auslegen konnte.

Aber diese Möglichkeiten treffen die Situationen nicht. Es gab einige unleugbare Beweise, die es den Oberpriestern unmöglich machten, irgendeine Beschuldigung gegen die Wache vorzubringen. Die römischen Behörden müssen den Ort besichtigt, den Stein untersucht und erkannt haben, daß seine Lage und Entfernung unmöglich von Menschen heimlich bewerkstelligt sein konnte. Keine menschliche Erfindungskraft konnte eine angemessene Antwort oder einen Sündenbock ersinnen, und so waren sie gezwungen, die Wache zu bestechen und zu versuchen, die Sache zu vertuschen.«

TATSACHE 5 — Grabtücher erzählen eine Geschichte

Im wörtlichen Sinne war, entgegen allen Behauptungen des Gegenteils, das Grab nicht leer. Nachdem sie das Grab besucht und gesehen hatten, daß der Stein weggewälzt war, rannten die Frauen zurück und erzählten es den Jüngern. Dann liefen Petrus und Johannes hin. Johannes rannte schneller als Petrus, und als er das Grab erreichte, betrat er es nicht. Stattdessen beugte er sich vor und sah hinein, und er sah etwas so Überraschendes, daß er sofort glaubte.

Er sah hinüber zu der Stelle, wo der Leichnam Jesu gelegen hatte. Dort waren die Grabtücher, in der Form des Körpers, leicht eingefallen und leer — wie die leere Puppe einer Raupe. Das war ausreichend, um jeden zum Glaubenden zu machen. Das erste, was sich dem Geist der Jünger einprägte, war nicht das leere Grab, sondern die leeren Grabtücher — ungestört in ihrer Form und Lage.

TATSACHE 6 — Sein Erscheinen bestätigt

Bei mehreren Gelegenheiten erschien Christus lebendig, nach dem umwälzenden Ereignissen jenes ersten Ostertages.

Ein Prinzip, das zu beachten ist

Wenn man ein historisches Ereignis untersucht, ist es wichtig, herauszufinden, ob genügend Teilnehmer oder Augenzeugen des Ereignissen noch lebten, als die Tatsachen über das Ereignis veröffentlicht wurden. Das ist nützlich, um die Genauigkeit des veröffentlichten Berichts zu bewerten. Ist die Anzahl der Zeugen groß, kann das Ereignis sehr gut nachgewiesen werden. Wenn wir Zeugen eines Mordes sind und eine Woche später der Polizeibericht sich als ein Lügengespinst herausstellt, können wir ihn widerlegen.

Mit anderen Worten: wenn über ein Ereignis ein Buch geschrieben wird, dann kann die Richtigkeit seines Inhalts bewertet werden, wenn zur Zeit seiner Veröffentlichung noch genügend Leute leben, die entweder Augenzeugen oder Teilnehmer der beschriebenen Ereignisse waren.

Bei der Untersuchung der Erscheinungen Christi vor einzelnen Personen nach seiner Auferstehung, werden einige sehr wichtige Faktoren oft übersehen. Der erste ist die große Anzahl von Zeugen Christi nach jenem Sonntagmorgen.

Fünfzig Stunden Augenzeugen

Einer der frühesten Berichte über das Erscheinen Christi nach der Auferstehung stammt von Paulus. Der Apostel erinnert seine Zuhörer an ihre Kenntnis der Tatsache, daß Christus von mehr als 500 Menschen auf einmal gesehen worden war. Paulus erinnert auch daran, daß die Mehrzahl dieser Menschen noch lebt und befragt werden kann.

Dr. Edwin M. Yamauchi, außerordentlicher Professor für Geschichte an der Miami-Universität in Oxford, Ohio, betont:»Was der Liste der Zeugen eine besondere Autorität als historisches Zeugnis gibt, ist der Hinweis, daß die meisten der 500 Brüder noch leben. Paulus sagt praktisch: ,,Wenn ihr mir nicht glaubt, könnt ihr sie fragen.'' Eine solche Feststellung in einem anerkannt echten Brief, der innerhalb von 30 Jahren nach dem Ereignis geschrieben wurde, ist ein so sicherer Beweis, wie man ihn sich für etwas, das vor fast 2000 Jahren geschehen ist, nur wünschen kann.«

Lassen Sie uns die mehr als 500 Zeugen, die Jesus nach seinem Tod und Begräbnis lebend sahen, nehmen und in einen Gerichtssaal stellen.

Ist Ihnen klar, daß Sie mit diesen 500 Menschen, wenn jeder von ihnen auch nur sechs Minuten, inklusive Kreuzverhör, aussagt, erstaunliche 50 Stunden von Augenzeugenberichten aus erster Hand haben? Fügen Sie dem noch das Zeugnis vieler anderer Augenzeugen hinzu, und Sie könnten den größten und eindeutigsten Prozeß der Geschichte haben.

Verschiedenheit der Menschen

Der zweite Faktor, der oft übersehen wird, ist die Unterschiedlichkeit der Orte und der Menschen in Zusammenhang mit den Erscheinungen Jesu.

Professor Merrill C. Tenney vom Wheaton College schreibt:»Es ist bemerkenswert, daß diese Erscheinungen nicht stereotyp sind. Nicht zwei von ihnen sind genau gleich. Die Erscheinung vor Maria Magdalena geschah am frühen Morgen, die vor den Reisenden nach Emmaus am Nachmittag und vor den Aposteln am Abend, wahrscheinlich nach dem Dunkelwerden. Er erschien vor Maria unter freiem Himmel. Maria war allein, als sie ihn sah, die Jünger waren in einer Gruppe zusammen, und Paulus berichtet, daß Jesus bei einer Gelegenheit vor mehr als 500 Menschen gleichzeitig erschien.

Auch die Reaktionen waren unterschiedlich. Maria war von Gefühlen überwältigt, die Jünger waren erschreckt, Thomas war hartnäckig und ungläubig, als man ihm von der Auferstehung des Herrn erzählte, betete ihn aber an, als er sich ihm selbst zeigte. Jede Gelegenheit hatte eine eigene Atmosphäre und besonderen Charakter und enthüllte eine andere Eigenschaft des auferstandenen Herrn.«

Keineswegs kann man behaupten, seine Erscheinungen seien stereotyp gewesen.

Feindselige Beobachter

Ein dritter, sehr entscheidender Faktor für die Interpretation der Erscheinungen Christi ist, daß er auch denen erschien, die feindselig oder nicht überzeugt waren.

Wieder und wieder habe ich gehört oder gelesen, daß Leute sagten, Jesus sei nach seinem Tod und Begräbnis nur von seinen Freunden und Gefolgsleuten lebend gesehen worden. Mit diesem Argument versuchen sie, die überwältigende Wirkung der Augenzeugenberichte abzuschwächen. Aber diese Art der Beweisführung ist so kläglich, daß sie kaum einen Kommentar verdient.

Niemand würde Saulus von Tarsus als einen Anhänger Christi ansehen. Er verachtete Christus und verfolgte die Anhänger Christi. Für Saulus war es eine Erfahrung, die sein Leben erschütterte, als Christus ihm erschien. Obwohl Saulus, später Paulus genannt, zu der Zeit kein Jünger war, wurde er einer der größten Zeugen für die Wahrheit der Auferstehung.

Betrachten Sie Jakobus, den Bruder Jesu. Der Bericht des Evangeliums zeigt, daß seine Brüder alles andere als Gläubige waren. Doch Jakobus wurde später ein Anhänger seines Bruders und schloß sich der Gruppe der verfolgten Christen an. Warum? Was rief eine solche Veränderung seiner Haltung hervor? Die historische Erklärung ist, daß Jesus auch dem Jakobus erschien.

Das Argument, Christus sei nur seinen Anhängern erschienen, ist größtenteils ein Argument *ex silentio*, eine Behauptung, die keine Grundlage besitzt. Und Argumente *ex silentio* sind gefährlich. Es ist ebenso möglich, daß alle, denen er erschien, zu Anhängern wurden. Dies erklärt vielleicht die Bekehrung von vielen der Jerusalemer Priester.

Niemand, der mit den Tatsachen vertraut ist, kann sagen, Jesus sei nur *einigen wenigen* erschienen.

TATSACHE 7 — Frauen sahen ihn zuerst

Eine weitere beglaubigende Darstellung der Erzählung von der Auferstehung ist die Gegebenheit, daß die ersten Erscheinungen des auferstandenen Christus nicht vor seinen Jüngern, sondern vor Frauen stattfanden — vor Maria Magdalena und den anderen Frauen. Das muß für die Apostel, die engste Umgebung Christi, ein Ärgernis gewesen sein. Sie waren wahrscheinlich ziemlich eifersüchtig.

Nach den jüdischen Prinzipien der Beweisführung waren die Frauen jedoch wertlose Zeuginnen. Sie hatten nicht das Recht, vor Gericht Zeugenaussagen zu machen.

Unzuverlässiges Zeugnis

Dr. Maier stellt richtig fest:»Da das Zeugnis einer Frau als unzuverlässig galt, war die erste Reaktion der elf verständlicherweise Mißtrauen und Unglauben. Wären die Berichte von der Auferstehung erfunden, hätte man *niemals* Frauen in die Geschichte einbezogen, zumindest nicht als erste Zeuginnen.«

Zusammenfassung

Die dramatische Tatsache der Auferstehung veränderte den Lauf der Geschichte. Kritiker, die die Auferstehung Jesu Christi leugnen wollen, müssen sieben historische Fakten ausreichend wegerklären:

1. Die gefürchtete Macht Roms wurde durch das Brechen des römischen Siegels am Grab mißachtet.

2. Sowohl Juden als auch Römer gaben zu, daß das Grab leer war.

3. Ein Zweitonnenstein wurde irgendwie vom Grab fortbewegt, während eine römische Wacheinheit auf Posten stand.

4. Eine hochdisziplinierte römische Militärwache floh von ihrem Posten und mußte von den Behörden bestochen werden, um die Lüge als Wahrheit zu verbreiten.

5. Die ungestörten Grabtücher enthielten keinen Leichnam mehr.

6. Christus erschien anschließend mehr als 500 Zeugen in verschiedenen Situationen.

7. Wegen der niedrigen jüdischen Meinung von der Zuverlässigkeit von Frauen hätten die Erfinder einer Auferstehungslegende sie niemals als erste Zeuginnen des Geschehens gewählt.

75

VERSCHIEDENE ERKLÄRUNGSVERSUCHE

Zwei Prinzipien, die zu beachten sind

In dem Versuch, zu zeigen, daß die Auferstehung Jesu Christi eine Täuschung war, sind viele Theorien vorgebracht worden. Ich glaube, daß viele der Leute, die mit diesen Theorien ankamen, zwei Gehirne gehabt haben müssen — ein verloren gegangenes und das andere auf der Suche danach. Historiker sind antihistorisch geworden, um einige ihrer Ideen zu erfinden.

Alle Fakten beachten

Wenn man die Möglichkeiten hinsichtlich dessen, was am ersten Ostertag geschah, abwägt, muß man sich zweier Prinzipien bewußt sein. Erstens: die Theorien oder alternativen Erklärungsversuche müssen alle Tatsachen in Betracht ziehen, die die Auferstehung Christi umgeben. Hinsichtlich verschiedener alternativer Theorien im Lichte der historischen Zeugnisse betont J. N. D. Anderson:»Ein Punkt, den man unterstreichen muß, ist, daß die Zeugnisse als Ganzes betrachtet werden müssen. Es ist verhältnismäßig leicht, eine alternative Erklärung für den einen oder anderen der verschiedenen Berichte zu finden, die dieses Zeugnis ausmachen.

Aber solche Erklärungen wären wertlos, wenn sie nicht auch zu den anderen Aussagen des Zeugnisses paßten. Eine Anzahl von verschiedenen Theorien, die ganz gut auf *einen Teil* der Zeugnisse anzuwenden sein mögen, die sich aber nicht in ein sinnvolles Muster einpassen, können keine Alternative zu der einen Interpretation sein, die *das Ganze* abdeckt.«

Keine vorgefaßten Meinungen

Das zweite Schlüsselprinzip, dem die historische Untersuchung geschichtlicher Ereignisse zu folgen hat, ist, die Zeugnisse nicht in eine vorgefaßte Meinung zu zwingen, sondern sie für sich selbst sprechen zu lassen. Der Historiker Philip Schaff warnt:»Das Ziel des Historikers ist nicht, aus vorgefaßten Meinungen Geschichte zu konstruieren und sie seinem eigenen Geschmack anzupassen, sondern sie nach den besten Zeugnissen zu rekonstruieren und für sich selbst sprechen zu lassen.« Mit diesen beiden Prinzipien im Sinn lassen Sie uns die verschiedenen Theorien untersuchen, die zur Erklärung der Ereignisse um die Auferstehung Christi vorgebracht wurden.

Es gibt zwei grundsätzliche Alternativen: Was im Zusammenhang mit Christi Tod, Begräbnis und Auferstehung geschah, hat entweder eine natürliche oder eine übernatürliche Erklärung. Nach drei Tagen war das Grab Christi entweder belegt oder leer.

Es gibt fünf Theorien zu den natürlichen Erklärungen. Jede behauptet, das Grab Christi sei nach drei Tagen noch belegt und ungestört gewesen.

THEORIE VOM UNBEKANNTEN GRAB

Eine der frühesten Theorien, die geboten werden, um alles Geschehen zu leugnen, ist, daß das Grab unbekannt war.

Auf dem Nationalfriedhof von Arlington bei Washington, D.C. gibt es das Grab des Unbekannten Soldaten. In diesem Fall haben wir es mit einem unbekannten Grab zu tun.

Wer hat den Leichnam?

Professor Guignebert stellt folgende völlig gegenstandslose Behauptung auf: »Die Wahrheit ist, daß wir nicht wissen und aller Wahrscheinlichkeit auch die Jünger nicht wußten, wohin der Leichnam Jesu geworfen wurde, nachdem er von den Henkern vom Kreuz abgenommen worden war. Es ist wahrscheinlicher, daß er in die Grube für die Hingerichteten geworfen, als daß er in ein neues Grab gelegt wurde.« Ein möglicher Grund für diese Theorie ist, daß man jahrelang angenommen hat, die Gekreuzigten seien in ein Massengrab geworfen worden.

Die Entdeckung der Überreste von Yohanan Ben Ha'galgal in einem Familiengrab außerhalb von Jerusalem im Juni 1968 traf diese Theorie mitten ins Herz; denn Yohanan war gekreuzigt worden, aber er war in einem Grab bestattet worden.

Schwächen dieser Theorie

Diese Theorie läßt die einfache historische Erzählung von den Ereignissen um Christi Begräbnis und der Szene nach der Auferstehung völlig außer acht.

Der Bericht des Evangeliums zeigt, daß Joseph von Arimathia den Leichnam zu seinem eigenen Privatgrab brachte (Merke: nicht zu einem öffentlichen Massenbegräbnisgrund). Der Leichnam Christi wurde gemäß den Begräbnissitten der Juden vorbereitet; die Frauen setzten sich dem Grab gegenüber und wachten.

Wenn aus irgendeinem unerfindlichen Grund die Jünger und die Frauen den Ort des Grabes nicht kannten, in das Christus gelegt wurde, dann kannte ihn Joseph von Arimathia mit Sicherheit. Es war sein eigenes Privatgrab.

Die Erfindung vom ,,unbekannten Grab" wendet keines der beiden Prinzipien für historische Forschung an, die oben diskutiert wurden. Auch die Römer wußten, wo das Grab war. Sie hatten dort eine Wache postiert.

THEORIE VOM FALSCHEN GRAB

Diese Erklärung gleicht der ersten Theorie. Sie behauptet, daß die Frauen, als sie am Sonntagmorgen zurückkehrten, um Christus zu ehren, zum falschen Grab gingen.

Welches Grab war es?

Professor Lake, einer der Begründer dieser Theorie, sagt: »Es ist ernstlich zweifelhaft, ob die Frauen sicher sein konnten, daß das Grab, das sie besuchten, dasjenige war, in dem sie Joseph von Arimathia den Leichnam des Herrn hatten bestatten sehen. Die Umgebung von Jerusalem ist voll von Felsengräbern, und es ist nicht leicht, eins vom andern ohne besondere Aufmerksamkeit zu unterscheiden. Es ist sehr zweifelhaft, daß sie dem Grab im Augenblick der Bestattung nahe waren. Es ist wahrscheinlich, daß sie aus der Entfernung zusahen und daß Joseph von Arimathia eher ein Repräsentant der Juden als der Jünger war. Wenn das so war, hatten sie kaum die Möglichkeit, zwischen dem einen und einem anderen, nahegelegenen Felsgrab zu unterscheiden. Die Möglichkeit, daß sie zum falschen Grab kamen, muß daher in Betracht gezogen werden, und das ist wichtig, weil das die natürliche Erklärung der Tatsache ist, daß sie das Grab, obwohl sie gesehen hatten, wie es geschlossen wurde, offen fanden.

Wenn es nicht dasselbe war, scheinen alle Umstände sich zu decken. Die Frauen kamen am frühen Morgen zu einem Grab, von dem sie glaubten, es sei dasjenige, in dem, wie sie gesehen hatten, der Herr bestattet worden war. Sie erwarteten, ein verschlossenes Grab zu finden, aber sie fanden ein offenes; und ein junger Mann, der ihren Irrtum errät, versuchte, ihnen zu sagen, daß sie sich in der Stelle geirrt hatten. ,,Er ist nicht hier'', sagte er, ,,siehe da die Stätte, wo sie ihn hinlegten.'' Und er zeigte wahrscheinlich auf das nächste Grab. Aber die Frauen waren erschreckt über die Entdeckung ihres Irrtums und flohen.«

Besteht den Test nicht

Professor Lakes Theorie entspricht nicht den Forschungen unserer beiden Forschungsprinzipien. Zum einen mißachtet sie so gut wie alle Fakten. Außerdem konstruiert diese Theorie die Zeugnisse vollständig nach einer vorgefaßten Meinung.

Zum Beispiel läßt sie den jungen Mann am Grab zu den Frauen sagen: »Er ist nicht hier, aber siehe da die Stätte, wo sie ihn hinlegten.« Der vollständige Text aber lautet: »Er ist nicht hier; er ist auferstanden, wie er gesagt hat. Kommt und sehet die Stätte, da er gelegen hat.« Ohne jegliche literarische oder historische Rechtfertigung unterschlagen die Verfechter dieser Theorie den Satz des Engels: »Er ist nicht hier; er ist auferstanden.«

Die literarischen Belege für die Einbeziehung dieses Satzes sind so stark wie für jeden Satz des Neuen Testaments. Obwohl die Theorie vom falschen Grab geistreich klingt, hängt sie vom willkürlichen Weglassen des Satzes »Er ist auferstanden« ab. Diese Frauen hatten sich genau gemerkt, wo der Leichnam Jesu weniger als 72 Stunden zuvor bestattet worden war (Matthäus 27,61; Markus 15,47; Lukas 23,55). Dies war kein öffentlicher Friedhof, sondern ein privater Begräbnisgrund.

Glauben Sie, daß Sie oder ich oder irgendeine andere vernünftige Person so schnell den Ort vergessen würden, an dem ein geliebter Mensch zur letzten Ruhe gebettet wurde?

Alle Welt ging zum falschen Grab

Um an die Theorie vom „falschen Grab" zu glauben, muß man davon ausgehen, daß nicht nur die Frauen zum falschen Grab gingen, sondern Petrus und Johannes zum falschen Grab liefen, daß außerdem die Juden dann zum falschen Grab gingen, gefolgt vom jüdischen Sanhedrin und den Römern. Man muß annehmen, daß die Wachen zum falschen Grab zurückkehrten und daß Joseph von Arimathia, der Besitzer des Grabes, auch zum falschen Grab ging. Und schließlich müßte der Engel am falschen Grab erschienen sein. Eine Menge Glaube, und zwar blinder Glaube, wäre nötig, um etwas so Absurdes anzunehmen.

LEGENDENTHEORIE

Einige behaupten, die Auferstehungsberichte seien Legenden, die Jahre nach der Zeit Christi aufkamen.

Die Wirklichkeit beweist, daß das unmöglich ist. Die Auferstehungsberichte wurden von den originalen Augenzeugen verbreitet und niedergeschrieben. Paulus berichtete, daß im Jahre 56 n. Chr. noch fast 500 Augenzeugen lebten.

Wenn es möglich wäre, die Entstehung der Evangelien 200 oder 300 Jahre nach dem Ereignis der Auferstehung zu datieren, könnte die Theorie plausibel sein. Aber angesichts der Tatsachen ist sie wie ein

Eimer ohne Boden. Viele haben versucht, zu belegen, daß das Neue Testament erst mehr als 100 Jahre nach Christus geschrieben wurde,und sind daran jämmerlich gescheitert. Paul L. Maier schreibt: »Behauptungen, das Christentum habe seinen Ostermythos in einem längeren Zeitraum ersonnen oder die Quellen seien viele Jahre nach dem Ereignis geschrieben worden, sind einfach keine Tatsachen.«

In einer Analyse eines großen Teils der Kritik am Neuen Testament schrieb William Albright: »Nur moderne Wissenschaftler, denen sowohl die historische Methode, als auch der Überblick fehlt, können ein solches Gespinst von Spekulationen weben wie das, mit dem einige Kritiker die Tradition des Evangeliums umgeben haben.« Albrights eigener Schluß ist, daß »eine Periode von 20 oder 30 Jahren zu kurz ist, um irgendeine merkliche Verfälschung des wesentlichen Inhalts und sogar des Wortlauts der Reden Jesu zu erlauben.«

Dr. J. N. D. Anderson behauptet, daß es »fast sinnlos ist, von Legenden zu sprechen, wenn Sie es mit den Augenzeugen selbst zu tun haben.«

THEORIE VON DER GEISTIGEN AUFERSTEHUNG

Eine vierte Theorie mit ,,belegtem Grab'' ist, daß der Körper Christi im Grab verweste und daß seine wirkliche Auferstehung geistiger Art war. Eine geistige Auferstehung ohne den physischen Körper wäre aber im Sinne des palästinischen Judaismus überhaupt keine Auferstehung. Dr. J. W. Drane stellt fest, es sei im pharisäischen Judaismus »ziemlich sicher, daß die Erwartung einer allgemeinen Auferstehung im palästinischen Kontext sich eine Wiederherstellung des Körpers vorstellte, der im wesentlichen identisch war mit dem, der ins Grab gelegt wurde.« Drane weist darauf hin, daß »eine mehr geistige Auferstehung oft in Betracht gezogen wurde, manchmal in Verbindung mit der griechischen Idee.«

Jesus selbst zerstörte die Theorie von der ,,geistigen Auferstehung'' völlig. Als seine Jünger, erschreckt durch seinen Anblick, dachten, sie sähen einen Geist, ermahnte Jesus sie: »Schaut mich doch an, meine Hände, meine Füße, dann erkennt ihr, daß ich es wirklich bin. Faßt mich an und überzeugt euch; ein Geist hat doch nicht Fleisch und Knochen wie ich.« Später aß Jesus Fisch mit seinen Anhängern und zeigte auch damit, daß er aus Fleisch und Blut war. Matthäus berichtet, als

sie Jesus begegneten, haben sie seine Füße umfaßt und ihn angebetet.
Man packt nicht die Füße eines Geistes.

Diese Erklärung läßt unsere beiden Forschungsprinzipien völlig außer acht. Die Tatsachen entsprechen auch nicht ansatzweise dieser Theorie, und sie werden in eine vorgefaßte Meinung gezwungen.

Diese Theorie ignoriert auch das Verhalten der römischen Wache und des jüdischen Hohenpriesters, der die Soldaten bestach und sich die Geschichte aus den Fingern sog, die Jünger hätten den Leichnam gestohlen. Schließlich mißachtet sie auch das leere Grab, die Grabtücher usw.

HALLUZINATIONSTHEORIE

Die bei weitem verbreitetste Theorie mit einem „belegten Grab", um die Auferstehung Christi nicht anzuerkennen, ist, daß die Menschen nur *glaubten*, Christus gesehen zu haben. In Wirklichkeit hatten sie Halluzinationen. Auf diese Weise können alle Erscheinungen nach der Auferstehung geleugnet werden.

Definition von Halluzinationen

Könnte diese Halluzinationstheorie mit den Tatsachen um die vielen Erscheinungen Christi vor verschiedenen Einzelpersonen in Einklang stehen?

Das Wort *Halluzination* ist eine eingedeutschte Form des lateinischen Ausdrucks *alucination*, was bedeutet „eine Wanderung des Geistes, leeres Gerede, Geschwätz". Zum technischen Begriff in der Psychologie und Medizin wurde das Wort „Halluzination" nicht vor dem 19. Jh. Die Doktoren Sarbin und Juhaz wiesen darauf hin, daß Halluzination »vielleicht einzigartig ist unter den psychiatrischen Begriffen, da er im wesentlichen seit dem 19. Jh. bis heute unverändert geblieben ist.«

Das offizielle Wörterbuch der Amerikanischen Psychiatrischen Vereinigung definiert eine Halluzination als »eine falsche Sinneswahrnehmung bei Abwesenheit eines tatsächlichen äußeren Reizes.« Das „Psychiatrische Wörterbuch" definiert sie als »eine scheinbare Wahrnehmung eines äußeren Gegenstandes, wenn kein solcher Gegenstand vorhanden ist.« In einem Aufsatz mit dem Titel „Wahrnehmbarkeit von hypnotischen visuellen Halluzinationen" definiert Dr. J. P. Brady von der Abteilung für Psychiatrie der Universität von Pennsylvania, Medical School, sie als ,,die Wahrnehmung von Gegenständen oder Lichtmustern, die objektiv nicht vorhanden sind.« Diese verschiedenen Definitionen, plus psychologische und medizinische Beobachtungen, stimmen alle darin überein, daß eine Halluzination ein scheinbarer Sehvorgang ist, für den es keinen entsprechenden äußeren Gegenstand gibt. Der Sehnerv ist nicht durch äußere Lichtwellen oder Vibrationen des Äthers stimuliert worden, sondern wurde durch eine rein psychologische innere Ursache gereizt. Die Doktoren Sarbin und Juhaz stimmen darin überein, daß»aus der Sicht der urteilenden Person der Halluzinierende sich etwas einbildet, aber behauptet, es wahrzunehmen; er reagiert auf Reize, die nicht vorhanden sind.«

Nur bestimmte Menschen

Warum ist die Halluzinationstheorie so schwach? Erstens, sie steht in Widerspruch zu verschiedenen Bedingungen, die nach übereinstimmender Meinung der meisten Psychiater und Psychologen vorhanden sein müssen, um eine Halluzination zu haben. Wenn die Erscheinungen Christi diesen wesentlichen Bedingungen nicht entsprechen, ist es falsch, sie als Halluzinationen zu bezeichnen.

Das wichtigste Prinzip ist, daß im allgemeinen nur bestimmte Arten von Menschen Halluzinationen haben — gewöhnlich nur paranoide oder schizophrene Personen, wobei Schizophrene die empfänglichsten sind.

Im Neuen Testament haben wir jedoch ganz verschiedene Arten von Menschen, mit unterschiedlichem Hintergrund, in unterschiedlichen Stimmungen und mit unterschiedlicher Bildung.

Sehr persönlich

Zweitens sind Halluzinationen an das Unterbewußtsein des einzelnen gebunden und an seine speziellen früheren Erfahrungen, was es sehr unwahrscheinlich macht, daß mehr als zwei Personen dieselbe Halluzination zur gleichen Zeit haben könnten. Christus ist vielen Menschen erschienen, und die Beschreibungen der Erscheinungen enthalten viele Einzelheiten, so daß die Psychologen sie als realistisch ansehen.

Christus aß auch zusammen mit denjenigen, denen er erschien. Und er wies nicht nur seine Wunden vor, sondern ermutigte auch zu einer näheren Untersuchung. Eine Illusion setzt sich nicht hin und ißt mit ihnen und kann nicht von verschiedenen Personen nach Belieben untersucht werden.

Eine Halluzination ist ein sehr privates Ereignis — eine rein subjektive Erfahrung ohne jeglichen äußeren Bezug oder Gegenstand. Wenn schon nicht zwei Menschen dieselbe Vision ohne äußere Einwirkung hervorrufen oder aufrechterhalten können, wie sollten mehr als 500 das gleichzeitig können? Das ist nicht nur unpassend für dieses Prinzip der Halluzinationen, sondern widerspricht ihm vollkommen. Die vielen angeblichen Halluzinationen wären ein viel größeres Wunder als das Wunder der Auferstehung. Das ist der Grund, weshalb sich die Theorie, daß die Erscheinungen Christi Halluzinationen seien, so lächerlich macht.

Eine falsche Reaktion

Ein weiteres Prinzip ist, daß eine Illusion eine irrtümliche Wahrnehmung bzw. eine falsche Reaktion auf eine Sinnesreizung darstellt. Das widerspricht allen Erscheinungsberichten von denen, die Christus gesehen haben.

Keine günstigen Umstände

Ein weiteres wichtiges Merkmal der Halluzinationen ist, daß gewöhnlich die Möglichkeiten dafür, wann und wo sie auftreten können, beschränkt sind. In den Situationen des Neuen Testaments fehlen die für Halluzinationen günstigen Umstände. Und die Erscheinungen, von denen berichtet wird, sind viel mehr als nur kurze Blicke. Die Zeit war ein Faktor. Es gab 15 verschiedene Erscheinungen — einmal vor über 500 Menschen.

Betrachten Sie die große Anzahl verschiedener Zeiten und Orte: Eine Erscheinung fand am frühen Morgen vor den Frauen am Grab statt. Eine andere auf der Straße nach Emmaus, gefolgt von mehreren privaten Gesprächen am hellichten Tag. Eine weitere war am See, eines Morgens früh. Die Unterschiedlichkeit der Zeiten und Orte von Christi Erscheinungen entkräftet die Hypothese, sie seien bloße Visionen gewesen.

Keine Erwartung

Ein fünftes Prinzip ist, daß Menschen mit Halluzinationen eine hoffnungsvolle Erwartung haben, so daß ihre Wünsche zum Vater ihrer Gedanken und Halluzinationen werden. Wenn wir die Jünger betrachten, so war das letzte, das sie erwarteten, eine Auferstehung. Sie dachten, Christus sei gekreuzigt und begraben worden. Das war das Ende. Der verstorbene Theologe Paul Little machte eine scharfsinne Beobachtung hinsichtlich der erwartungsvollen Haltung der angeblichen ,,Halluzinierenden'':»Maria kam am ersten Ostersonntagmorgen mit Spezereien in der Hand zum Grab. Warum? Um den toten Körper des Herrn, den sie liebte, zu salben. Sie erwartete offensichtlich nicht, ihn von den Toten auferstanden zu finden. Auch die Jünger fürchteten sich, als der Herr ihnen schließlich erschien und glaubten, einen Geist zu sehen.«

Nicht genug Zeit

Halluzinationen treten gewöhnlich über einen längeren Zeitraum auf, mit erkennbarer Regelmäßigkeit. Interessant an der Anwendung dieses Prinzips auf die Situation des Neuen Testaments ist, daß die Erscheinungen zu einem plötzlichen Ende kamen. Sie hörten alle gleichzeitig auf, abgesehen von der Erscheinung Christi vor dem Apostel Paulus, deren Umstände und Bedingungen völlig andere waren.

Entspricht nicht den Tatsachen

Ein letztes Prinzip ist, daß die Halluzinationen keinen Bezug zur objektiven Realität haben. Die Halluzinationstheorie berücksichtigt in keiner Weise das leere Grab, das gebrochene Siegel, die Wacheinheiten und besonders die nachfolgenden Aktivitäten der Hohenpriester.
Ich bin von der Oberflächlichkeit der Halluzinationstheorie überzeugt. Die oben genannten fünf Theorien — unbekanntes Grab, falsches Grab, Legende, nur geistige Auferstehung und Halluzinationen — sind Versuche, die Auferstehung zu leugnen.

Zusammenfassung

Zwei wichtige Prinzipien sind zu befolgen, um zu erklären, was am Grab Jesu Christi am ersten Ostertag geschah:

1. Die Erklärung muß alle bekannten Fakten zu den Ereignissen um die Auferstehung einbeziehen.

2. Die Zeugnisse dürfen nicht einer vorgefaßten Meinung angepaßt werden. Im Laufe der Geschichte sind, um die Auferstehung wegzuerklären, fünf natürliche Theorien vorgebracht worden, die von der Voraussetzung ausgehen, daß das Grab belegt blieb:

a) Die Theorie vom unbekannten Grab behauptet, daß die Henker den Leichnam in ein unbekanntes Massengrab warfen.

b) Die Theorie vom falschen Grab besagt, daß die Jünger ein anderes, leeres Grab irrtümlich für Christi Grab hielten.

c) Die Legendentheorie behauptet, daß die Erzählungen von der Auferstehung Christi erst viele Jahre später entstanden seien.

d) Die Theorie von der geistigen Auferstehung behauptet, daß die Auferstehung Christi nur geistig war — sein Körper verging im Grab.

e) Die Halluzinationstheorie unterstellt, daß alle Erscheinungen Christi nach der Auferstehung nur halluzinatorische Täuschungen waren.

Keine dieser fünf Theorien befolgen die beiden wichtigen Grundprinzipien, um zu erklären, was geschehen ist.

EINE THEORIE
IST SO GUT WIE DIE ANDERE

HISTORISCHE TATSACHE: EIN LEERES GRAB

Nun müssen wir uns mit den natürlichen Erklärungen befassen, die auf der Realität eines leeren Grabes beruhen. Ganz offensichtlich war das Grab an jenem Sonntagmorgen nach der Kreuzigung Christi, seinem Tod und Begräbnis, leer. Die jüdischen Führer sind im Laufe der Jahre vieler Dinge beschuldigt worden, aber selten war Dummheit ein Grund dafür.

Niemand wies den Leichnam vor

Der Rat und die Hohenpriester waren sowohl geschickte Dialektiker als auch praktische Politiker. In ihrem Umgehen mit Pilatus waren sie brillant. Wenig Geschick wäre notwendig gewesen, mit den Anhängern Christi fertig zu werden, hätten sie gewußt, wo sein Leichnam war. Wäre der Leichnam Christi noch im Grab gewesen, als seine Anhänger begannen, von der Auferstehung zu predigen, hätten die jüdischen Behörden lediglich seinen Leichnam vorweisen müssen. Die Jünger wären für immer zum Schweigen gebracht worden. Stattdessen brachten die jüdischen Behörden die Apostel mit Gewalt vor den jüdischen Rat und bedrohten sie mit dem Tode, wenn sie nicht aufhören sollten, den auferstandenen Christus zu verkünden. Die Juden waren nicht in der Lage, den Leichnam Christi vorzuweisen. Sehen wir den Tatsachen ins Auge: Sie konnten keinen Leichnam aus einem leeren Grab holen.

87

Man muß sich erinnern, daß die Feinde Christi und die römische Sicherheitseinheit die letzten waren, die seinen Leichnam vor der Auferstehung in ihrer Gewalt hatten.

Jüdische Behörden wütend

Dr. Bill White ist verantwortlich für das Gartengrab in Jerusalem, das viele für den Begräbnisort Christi halten. White stellt fest, daß »die jüdische Hierarchie wütend darüber war, daß die Apostel von der Auferstehung predigten. Sie taten alles in ihrer Macht Stehende, um zu verhindern, daß es sich ausbreitete, aber ihre Bemühungen waren vergeblich. Wenn der Leichnam Jesu noch in dem Grab lag, wo Joseph von Arimathia ihn niedergelegt hatte, was wäre eine einfachere und vernichtendere Widerlegung der Behauptungen der Apostel gewesen, als der Bevölkerung das Grab Jesu zu zeigen, es zu öffnen und den gekreuzigten Leichnam dieses selbsternannten Messias zu exhumieren?«

Beasley-Murray fügt dem oben Gesagten noch eine scharfsinnige Beobachtung hinzu: »Es scheint passenderweise übersehen worden zu sein, daß die Tausende der zuerst zum Christentum Bekehrten — veranlaßt durch die Predigt von der Auferstehung — alle Juden waren, entweder Bewohner oder Besucher Jerusalems. Diese akzeptierten eine revolutionäre Lehre, die durch einen Spaziergang von wenigen Minuten zu einem Garten gerade außerhalb der Stadtmauern zu erschüttern gewesen wäre. Weit davon entfernt, sie zu erschüttern, verbreiteten sie alle miteinander enthusiastisch die neue Lehre nah und fern. Jeder einzelne dieser ersten Konvertiten war ein Beweis für das leere Grab, aus dem einfachen Grund, daß sie niemals hätten Jünger werden können, hätte das Grab noch den Leichnam Jesu enthalten.«

Eine Sekretärin in Jerusalem hätte in ihrer Mittagspause das leere Grab bestätigen oder widerlegen können. Es ist unwahrscheinlich, daß die Verkündigung eines auferstandenen Christus auch nur eine Minute hätte aufrechterhalten werden können, wenn nicht sowohl die Juden als auch die Christen überzeugt gewesen wären, daß es überwältigende Beweise für das leere Grab gab. Das leere Grab war »zu offenkundig, um geleugnet zu werden.«

Paul Althaus stellt fest, daß die Auferstehung »nicht einen Tag, nicht eine Stunde hätte aufrechterhalten werden können, wenn das Leersein des Grabes nicht eine für alle Betroffenen feststehende Tatsache gewesen wäre.«

Positiver Beweis

Dr. Paul Maier stellt aus historischer Sicht fest:»Wenn man alle Zeugnisse sorgfältig und fair abwägt, ist es nach den Gesetzen der historischen Forschung tatsächlich gerechtfertigt, zu schließen, daß das Grab des Joseph von Arimathia, in dem Jesus bestattet war, am Morgen des ersten Ostertages wirklich leer war. Und nicht die Spur eines Beweises ist bisher in literarischen Quellen, Inschriften oder in der Archäologie gefunden worden, die diese Feststellung widerlegen würde.«

Wenn wir uns die Theorien ansehen, die auf einem leeren Grab basieren, wollen wir uns an die beiden wichtigsten Prinzipien der historischen Forschung erinnern:

1. Jede Erklärung muß alle Fakten einbeziehen.

2. Man darf die Zeugnisse nicht in eine vorgefaßte Form pressen, sondern muß die Tatsachen für sich selber sprechen lassen.

VON DEN JÜNGERN GESTOHLEN

Die erste — und die herausragendste — Theorie mit leerem Grab lautet, daß die Jünger oder Anhänger Jesu seinen Leichnam stahlen und die Auferstehungsgeschichte erfanden.

Die Wache bestochen

Diese Theorie wurde sogar von Matthäus berichtet. Doch sie war so offensichtlich falsch, daß er sich nicht einmal die Mühe machte, sie zu widerlegen. Matthäus schreibt:»Einige Wächter liefen vom Grab zurück in die Stadt und meldeten den Hohenpriestern, was geschehen war.« Wie wir schon früher sahen, ging die römische Wache sofort zum jüdischen Hohenpriester, weil sie wußte, daß sie Schwierigkeiten bekommen hätte, wäre sie zu Pilatus gegangen. Sie wußte, daß der jüdische Rabbi beim Statthalter politischen Einfluß hatte, so gingen die Soldaten, um seines Schutzes willen, zuerst zu ihm. Das spricht dafür, daß es nicht die Tempelpolizei war, die das Grab bewachte. Der Hohepriester hätte seine eigenen Männer nicht bestochen, um eine Lüge zu verbreiten. Er hätte einfach befohlen:»Tut es, oder es kostet euch den Hals.«

Matthäus fährt fort: »Sie überlegten zusammen mit den Ratsältesten, was sie nun tun sollten. Sie bestachen die Soldaten mit viel Geld und trugen ihnen auf: ,,Erzählt allen: ,In der Nacht, während wir schliefen, sind seine Jünger gekommen und haben den Toten gestohlen.' Wenn der Prokurator von der Geschichte erfährt, werden wir mit ihm sprechen. Ihr habt nichts zu befürchten!'' Die Wächter nahmen das Geld und taten, wie man sie angewiesen hatte. Diese Geschichte wird bei den Juden bis heute weitererzählt.«

Justin spricht in seinem ,,Dialog gegen Trypho'' davon, daß die Geschichte noch immer erzählt werde: »...ein gewisser Jesus, ein Betrüger als Galiläa, den wir gekreuzigt haben; aber seine Jünger stahlen ihn in der Nacht aus dem Grab, in das er gelegt worden war, nachdem man ihn vom Kreuz gelöst hatte, und jetzt betrügen sie das Volk, indem sie behaupten, er sei von den Toten auferstanden und in den Himmel aufgestiegen.«

Diese Erklärung der Ereignisse nach dem Tod und Begräbnis Jesu gibt den Juden schwerwiegende Probleme auf. Tatsächlich zeigt dieser schwache Versuch der jüdischen Behörden, die neue christliche Bewegung auszumerzen, wie verzweifelt sie waren.

Würde vor Gericht nicht standhalten

Das erste Problem mit dieser Theorie ist fast komisch. Wenn die römische Wache eingeschlafen war, wie konnten sie dann wissen, daß es die Jünger waren, die den Leichnam gestohlen hatten? Jeder Anwalt der Verteidigung würde mit Vergnügen den Hauptmann der Wache zum Kreuzverhör in den Zeugenstand geholt haben. Eine solche Behauptung wäre nicht nur vor Gericht ausgelacht worden; die Morgenzeitungen hätten die Behörden dafür ,,gekreuzigt'', daß sie Steuergelder ausgaben, um einen solchen Fall auch nur zuzulassen.

Schlafen sehr unwahrscheinlich

Das zweite Problem ist ebenso komisch. Der bloße Gedanke, daß die Wacheinheit eingeschlafen sein soll, muß Stirnrunzeln hervorrufen. Sie werden sich erinnern, daß wir in unserer früheren Erörterung sahen, daß die Wache hoch diszipliniert war. Dr. George Currie, der Historiker, weist darauf hin, daß die Furcht vor Strafe eine »tadellose Aufmerksamkeit im Dienst hervorrief, besonders bei den Nachtwachen«.

Diese Sicherheitseinheit war eine Kampfmaschine. Wenn die Jünger irgend etwas versucht hätten, wäre es ein ,,Sechs-Sekunden-Krieg" geworden. Ein einziger Soldat wäre mit der ganzen Gruppe der Jünger fertiggeworden. Er hätte sie mit einer Hand in die Flucht geschlagen. Und Matthäus erzählt uns von der Feigheit der Jünger. Als Jesus im Garten Gethsemane festgenommen wurde, verließen ihn alle Jünger und flohen.

Römische Wache müßte taub gewesen sein

Auch das dritte Problem hat seine Schwachstelle. Die Lage des außerordentlich großen Steins — aufwärts und weg vom ganzen Grab bewegt — macht es sehr schwer, die Idee zu verteidigen, die gesamte Wacheinheit habe all das verschlafen. Wenn die Jünger hätten eindringen, um die schlafenden Wachen herumschleichen, dann den Stein beiseite rollen und den Leichnam stehlen wollen, warum sollten sie dann einen $1^1/_2$ bis 2 Tonnen schweren Stein einen Hang hinaufbewegen, weg von dem ganzen massiven Grab, in eine solche Lage, daß es aussah, als habe jemand ihn aufgehoben und weggetragen?

Die Soldaten müßten Watte in den Ohren und noch Ohrschützer darüber gehabt haben, um diesen rollenden Stein nicht zu hören. Ein kleines Erdbeben wäre allgemein festgehalten worden! Man muß die Lage des Steins erklären, gleichgültig, welche Theorie man aufbringt.

Zu ehrenhaft für Betrug

Ein viertes Problem mit der Theorie, die Jünger hätten den Leichnam gestohlen, ist, daß diese Handlungsweise allem widersprechen würde, was in der Geschichte über sie geschrieben worden ist. Sie waren ehrenwerte Männer von hohem moralischem Stand. Der Historiker Edward Gibbon weist in seiner Analyse vom Aufstieg und Fall des römischen Reiches auf die »reine aber strenge Moral der ersten Christen« hin.

Die Verfechter dieser Diebstahls-Theorie müßten behaupten, daß die Anhänger Christi nicht nur den Menschen eine Lüge aufbanden — ein Gedanke, der vollkommen dem widersprach, was ihr Meister lehrte und wofür er gestorben war —, sondern, daß sie auch den Rest ihres Lebens fortfuhren, die Lüge von einem auferstandenen Christus zu verkünden. Sie hätten all das getan, als Feiglinge, die zu mutigen Männern wurden, die als Märtyrer für ihre Botschaft starben mit dem Wissen, daß alles nur eine Erfindung war.

Doch in Wirklichkeit waren sie bereit, für die verkündigte Botschaft der Auferstehung Gefängnis, Schläge und einen schrecklichen Tod auf sich zu nehmen. Nicht einer von ihnen hat jemals den Herrn geleugnet oder seinen Glauben, daß Christus auferstanden war, widerrufen.

Das ist ohne Beispiel in der Geschichte. Und es ist noch erstaunlicher, wenn Sie sich klarmachen, daß, wenn es ein Betrug ihrerseits gewesen wäre, nicht ein einziger jemals unter dem Druck zusammenbrach. Selbst angesichts des Todes gestanden sie niemals ihren Betrug, um ihr Gewissen zu erleichtern.

Dr. Simon Greenleaf, ein berühmter Rechtswissenschaftler von Harvard, stellte überzeugend fest, daß die Apostel unter dem Druck zusammengebrochen wären, wenn Jesus Christus nicht von den Toten auferstanden wäre.

Der britische Rechtswissenschaftler Dr. J. N. D. Anderson sagt, daß diese Theorie »allem vollkommen widersprechen würde, was wir über die Jünger wissen: ihre ethische Lehre, die Art ihres Lebens, ihre Standhaftigkeit in Leiden und Verfolgung, noch würde diese Theorie auch nur im Ansatz ihre dramatische Verwandlung von niedergeschlagenen und mutlosen Flüchtlingen in Zeugen erklären, die keine Opposition zum Schweigen bringen konnte.«

Diese Vorstellung ist so weit hergeholt, daß selbst Dr. D. F. Strauss, ein ausgesprochener Gegner des Christentums, gestand: »Der Historiker muß anerkennen, daß die Jünger fest daran glaubten, daß Jesus auferstanden war.« Der jüdische Gelehrte Dr. Joseph Klausner räumt ein, daß die Jünger zu ehrenhaft waren, um einen solchen Betrug auszuführen.

Das letzte Problem mit dieser Theorie braucht kaum eine Erläuterung. Wenn die Jünger den Leichnam Christi gestohlen hatten, wie kann man dann die vielen Erscheinungen Christi nach der Auferstehung erklären — besonders da sie einmal vor über 500 Menschen stattfand?

BEHÖRDEN STAHLEN DEN LEICHNAM

Eine weitere, ähnliche Theorie lautet, daß die römischen oder jüdischen Behörden den Leichnam in Sicherheit brachten, damit niemand einen Betrug mit einer angeblichen Auferstehung von den Toten begehen konnte.

Sie würden ihr eigenes Grab graben

Das klingt gut, solange man nicht innehält und fragt:»Warum sollten die Behörden genau das tun, was all ihre Probleme verursachte?« Die Jünger gingen zurück nach Jerusalem um zu predigen:»Christus ist auferstanden!« Wenn das, was sie lehrten, falsch war, brauchte nur jemand den Leichnam vorzuweisen.

Wo war das Dementi? Warum sagten die Behörden nicht:»Das ist Unsinn! Wir gaben die Befehle, den Leichnam fortzubringen.« Und wenn das nicht ausreichte, warum riefen sie dann nicht die als Zeugen auf, die den Leichnam fortgebracht hatten? Oder warum brachten sie die Zweifler nicht einfach zum neuen Ruheplatz? Oder zeigten ihnen ihren ,,Ablieferungsschein''?

Noch eine letzte Möglichkeit: Warum legten sie den Leichnam Christi nicht auf einen Karren und zogen damit die Via Dolorosa entlang? Diese öffentliche Zurschaustellung hätte das Christentum getötet — nicht erst in der Wiege, sondern im Mutterleib. Es hätte niemals ein Christentum gegeben.

Es gibt nur eine vernünftige Antwort auf die oben gestellte Frage: Sie konnten den Leichnam nicht vorweisen. Die Behörden hatten keine Ahnung, wo er war. Das Christentum ist ein körperloser Glaube.

Ein stiller Alarm

Über den Aufenthaltsort des Leichnams könnte man zu dem Schluß kommen, daß»das Schweigen der Juden lauter spricht als die Stimme der Christen.« Dr. John Warwick Montgomery erklärt:»Es übersteigt die Grenzen der Glaubwürdigkeit, daß die frühen Christen eine solche Geschichte erfunden und dann denjenigen gepredigt haben sollen, die sie leicht hätten widerlegen können, indem sie einfach den Leichnam Jesu vorwiesen.«

Ein muslimischer Student, der in Uruguay studierte, sagte mir während einer Diskussion über die Auferstehung Christi scherzhaft:»Ihr armen Christen, ihr wißt nicht, wohin ihr geht! Wir gehen zum Grab unseres Meisters, und wir haben seinen Leichnam. Ihr geht zum Grab eures Meisters und es ist ...«

Ich bemerkte seine Verwirrung und sagte:»Sprechen Sie weiter! Sagen Sie es! Es ist leer!« Oh, wie gerne hätte ich seinen Gesichtsausdruck mit einer Sofortbildkamera festgehalten. Zum ersten Mal wurde diesem Studenten die Bedeutung der Tatsache bewußt, daß das Grab leer war.

WIEDERBELEBUNGSTHEORIE

Die nächste Theorie schlägt nahezu dem Faß den Boden aus. Sie wird als ,,Ohnmachtstheorie" bezeichnet. Diese Ansicht war bei den Rationalisten des 18. Jhs. populär. Heute ist sie wieder an vielen Universitäten zu finden, ebenso bei einer muslimischen Sekte, bekannt als Ahmedija, wenn auch in leicht abgewandelter Form.

Er wurde einfach ohnmächtig

Die ,,Ohnmachts"geschichte geht ungefähr so: Jesus starb nicht wirklich am Kreuz. Es stimmt, daß er ans Kreuz genagelt wurde und Schock, Schmerzen und Blutverlust erlitt. Aber statt zu sterben, wurde er nur vor Erschöpfung ohnmächtig. Die Jünger, die ihn für tot hielten, bestatteten ihn lebendig. Sie wurden leicht irregeführt, da ihre medizinischen Kenntnisse in damaliger Zeit nicht groß waren. Das kalte Grab, in das er gelegt wurde, belebte ihn wieder. Seine Jünger waren so unwissend, daß sie nicht glauben konnten, er sei nur wiederbelebt worden, sondern darauf bestanden, er sei von den Toten auferstanden.
Diese Theorie würde besagen:
1. Jesus machte sechs Prozesse durch — drei römische und drei jüdische;
2. er wurde fast unbeschreiblich mit dem römischen Flagrum geschlagen;
3. er war so schwach, daß er nicht sein eigenes Patibulum, den hölzernen Kreuzbalken, tragen konnte;
4. seine Hände und Füße wurden von Nägeln durchbohrt, als er gekreuzigt wurde;
5. die Römer stießen einen Speer in seine Seite, und Augenzeugen sagten:»Blut und Wasser floß heraus«, ein Zeichen des Todes;
6. vier Henker bestätigten seinen Tod — sie müssen sich alle geirrt haben;

7. ungefähr 100 Pfund Spezereien und eine klebrige Substanz umgaben seinen Körper — er muß durch all das hindurch geatmet haben;
8. er wurde in ein kaltes, feuchtes Grab gelegt;
9. ein großer Stein wurde vor den Eingang gerollt;
10. eine römische Wache wurde dort postiert und
11. ein Siegel wurde vor dem Eingang angebracht.

Dann geschah, nach dieser Theorie, eine unglaubliche Sache. Die kühle, feuchte Luft des Grabes tötete ihn nicht, sondern heilte ihn. Er befreite sich aus seinen Gewändern, stieß den Stein beiseite, kämpfte sich durch die Wachen und erschien kurz darauf seinen Jüngern als Herr des Lebens.

Ein größeres Wunder

Diese Hypothese ignoriert die Fakten so vollständig, daß es schwer zu glauben ist, daß sie eine populäre Erklärung unter den Rationalisten des 18. Jhs. gewesen sein soll.

Hinsichtlich der Wahrheit dieser Theorie stellt E. LeCamus klug aber sehr logisch fest:»Das wäre noch wunderbarer als die Auferstehung selbst.«

Meinung eines Skeptikers

Dr. David Strauss war einer der erbittertsten Gegner der übernatürlichen Elemente in den Evangelien und ein Mann, dessen Werke viel taten, um den Glauben an Christus zu zerstören. Dieser Mann gab, trotz all seiner bösartigen Kritiken und hartnäckigem Verleugnen alles Übernatürlichen, jedem Gedanken daran, daß Jesus nur aus einer Ohnmacht erwacht sei, den Todesstoß.

Er sagte:»Es ist unmöglich, daß ein Wesen, das halbtot aus einem Grab gestohlen worden war, das schwach und krank herumkroch, das Verbände, Stärkung und Schonung brauchte und das zumindest noch an seinen Leiden zu tragen hatte, den Jüngern den Eindruck hätte vermitteln können, er sei der Sieger über Tod und Grab, der König des Lebens, ein Eindruck, der die Grundlage für die künftige Verehrung bildete. Eine solche Wiederbelebung hätte nur den Eindruck schwächen können, den er in Leben und Tod auf sie gemacht hatte, hätte aber auf keinen Fall ihren Kummer in Enthusiasmus verwandeln, ihre Verehrung zu Anbetung erheben können.«

DIE PASSAH-KOMPLOTT-THEORIE

Eine moderne Abwandlung der Ohnmachtstheorie ist von Hugh Schoenfield in seinem Werk „The Passover Plot" vorgebracht worden.

Nach Schoenfield glaubte Jesus, der Messias zu sein, und stellte daher rechtzeitig einen genauen Plan auf, um das zu arrangieren, was seine Auferstehung zu sein schien. Jesus zog Joseph von Arimathia und einen anonymen *jungen Mann* ins Vertrauen. Er kannte die vielen Prophezeiungen des Alten Testaments über den Messias und führte sein Leben so, daß er diese Voraussagen erfüllen und den Geist der Menschen manipulieren konnte.

Jesus arrangierte, wie Schoenfield sagte, einen vorgetäuschten Tod am Kreuz durch Einnahme einer Droge. Er erhielt die Droge, als ihm der Essig angeboten wurde.

Der Plan war, daß Joseph seinen Körper in eines seiner Gräber bringen sollte. Wenn die Wirkung der Droge nachließ, würde Jesus lebendig erscheinen und sich als Messias offenbaren. Doch der Plan geriet durcheinander, als die römische Wache unerwartet einen Speer in seine Seite stieß. Er kam nur noch zeitweise zu Bewußtsein und starb schließlich. Vor dem Morgengrauen wurden die sterblichen Überreste schnell herausgenommen und beiseite geschafft, damit das Grab leer war.

Der *unbekannte junge Mann* wurde dann, wie Schoenfield sagte, von der emotional verwirrten Maria versehentlich für Jesus gehalten. Bei vier verschiedenen Gelegenheiten wurde der mysteriöse junge Mann von den verwirrten Jüngern als Christus identifiziert. Weder Joseph von Arimathia, noch dieser junge Mann, stellte jemals das Mißverständnis der Jünger richtig. Diese „Erscheinungen" veranlaßten die Anhänger Christi, hinauszugehen und die Welt zu verändern.

Einige Beobachtungen zum Komplott

Das Passahkomplott stellt die endgültige Verdrehung der Geschichte und Manipulation der Tatsachen dar. Dr. Samuel Sandmen vom „Hebrew Union College" hat Schoenfields Schöpfung am besten zusammengefaßt: »Schoenfields phantasievolle Rekonstruktion läßt jeden Funken eines Beweises vermissen. Meiner Ansicht nach sollte dieses Werk für die bloße Kuriosität angesehen werden, die es in der Tat ist.«

Professor David Stanley von der Fordham-Universität in New York und dem Regis-College in Toronto sagt:»Im allgemeinen gehören die meisten dieser Geschichten zum Sensationsjournalismus.«

Der einzige Grund, aus dem ich diese Geschichte erwähne, ist, daß viele Studenten und Professoren sie im Zusammenhang mit der Auferstehung anführen.

Die Theorien bestimmen die Fakten

Das erste Problem in diesem Passahkomplott ist Schoenfields dreistes Auswahlverfahren. Es ist ein klassisches Beispiel für die Betrachtung von Zeugnissen nach vorgefaßten Theorien und die Auswahl nur solcher Fakten, die die eigene Ansicht stützen, und das Weglassen aller anderen, und zwar mit keinem anderen erkennbaren Kriterium als dem, daß es nicht in das eigene Schema der Ereignisse paßt.

Nehmen Sie zum Beispiel die Wache, die am Grab postiert war. Schoenfield leugnet die Wache am Grab, da Matthäus der einzige Verfasser des Neuen Testaments ist, der davon berichtet. Die Überlegung scheint zu sein, wenn nur ein einziger Verfasser ein Ereignis erwähnt, kann man es übergehen. Schoenfield akzeptiert jedoch die Geschichte von dem Speerstoß in Christi Seite. Sie stellt sogar eine der wichtigsten Voraussetzungen für seine Behauptung dar. Es war, wie Schoenfield sagte, der Speer in Christi Seite, der das Komplott scheitern ließ. Er hätte jedoch die Geschichte vom Speer in der Seite Jesu genauso verwerfen müssen, da sie nur im Bericht des Johannes erscheint.

So viele Probleme

Weitere Probleme entstehen, wenn Sie
1. die vier Henker berücksichtigen, die notwendig waren, um den Tod zu bestätigen;
2. die römische Wache, für deren Authentizität es viele historische und literarische Belege gibt;
3. das römische Siegel;
4. die Größe des Steins;
5. die Erkenntnis, daß das Komplott Jesus in einen ungeheuren Betrug verwickeln würde, der dem Charakter Jesu und allem entgegenstände, was in der Geschichte über Christus geschrieben worden ist;
6. die Veränderung in den Jüngern.

Dr. J. N. D. Anderson schreibt über Schoenfield: »Es wird von uns verlangt, zu glauben, daß die skeptischen Jünger durch das Erscheinen dieses jungen Mannes so verwirrt wurden, daß sie glaubten, Jesus sei auferstanden. Und durch diese Verwirrung wurden sie so verwandelt, daß sie mit ihren Predigten Jerusalem auf den Kopf stellten.«

Und mit einem Federstrich sollten wir alle, bis auf vier, Erscheinungen Christi vor Augenzeugen auslöschen, da sie nicht in diese Theorie passen.

Die Erwähnung von 500 Zeugen durch Paulus wurde ausgesprochen und niedergeschrieben, als die Mehrzahl dieser 500 Personen noch lebte und die Berichte bestätigt oder widerlegt werden konnten. Wenn es keine 500 Zeugen gegeben hätte, wäre Paulus aus den Synagogen hinausgelacht und aus den Theatern hinausgespottet worden. Stattdessen kamen aufgrund seiner Predigten Tausende zu Christus.

Die Tatsachen sprechen lauter als die Theorien

Die natürlichen Theorien zur Erklärung der Auferstehung sind nun im Lichte all der Sicherheitsmaßnahmen, die von den römischen und jüdischen Behörden am Grab unternommen wurden, sorgfältig untersucht worden.

Professor Paul L. Maier, ein Mann, der in der Analyse historischer Argumente geübt ist, kommt zu dem Schluß: »Keine dieser Theorien bietet irgendeine solide Basis zur historischen Rekonstruktion dessen, was am ersten Ostermorgen geschehen ist. Wenn man sie redlich untersucht, erscheinen sie sehr phantastisch, und sie alle werfen mehr Schwierigkeiten auf, als sie lösen. Keine einzige Theorie erklärt alle berichteten Phänomene. Dazu wäre eine unglaubliche Kombination mehrerer von ihnen notwendig. Das muß gesagt werden, und zwar nicht aufgrund irgendeiner Basis christlicher Apologetik, sondern nüchterner historischer Forschung.«

Ich bin sicher, die jüdischen Hohenpriester müssen viele Male gegrübelt haben: »Warum haben wir nur jemals die Römer gebeten, das Grab zu sichern?« Sie haben so viele Maßnahmen getroffen, daß sie es schließlich übertrieben und so ein bedeutsames Zeugnis für die Auferstehung Jesu ablegten.

ER IST AUFERSTANDEN!

Nur ein einziger Schluß zieht alle Tatsachen in Betracht und paßt sie nicht vorgefaßten Meinungen an. Es ist der Schluß, daß Christus tatsächlich auferstanden ist — ein übernatürlicher Akt Gottes in der Geschichte.

Zusammenfassung

Jede bekannte historische Tatsache weist darauf hin, daß das Grab Jesu Christi am dritten Tag leer war.
Vier natürliche Theorien sind vorgebracht worden, um diese wegzuerklären:
1. Die erste Theorie behauptet schwach, daß die Jünger die Auferstehung vortäuschten, indem sie den Leichnam stahlen und hingingen, um für eine Lüge den Märtyrertod zu sterben.
2. Die zweite behauptet, daß die Behörden den Leichnam stahlen, und läßt außer acht, warum sie ihn nicht einfach zur Schau stellten, um zu beweisen, daß die Jünger Unrecht hatten, wenn sie die Auferstehung Christi predigten.
3. Die Wiederbelebungstheorie (manchmal als ,,Ohnmachtstheorie'' bezeichnet) argumentiert unglaubwürdig, daß Christus, der von seinen Prozessen und der Geißelung so schwach war, daß er nicht einmal sein Kreuz selber tragen konnte, nur scheinbar am Kreuz starb, von der kühlen Luft im Grab wiederbelebt wurde, seine Grabtücher abschüttelte, den Zwei-Tonnen-Stein wegrollte, die römischen Wachen abwehrte und seinen Jüngern als Herr des Lebens erschien.
4. Die ,,Passah-Komplott''-Variante dieser Theorie behauptet, daß Christus plante, die Prophezeiungen über den jüdischen Messias zu erfüllen und nur scheinbar am Kreuz sterben sollte. Doch der ungeplante Speerstoß in seine Seite tötete ihn. Ein unbekannter junger Mann wurde im folgenden von Maria und den anderen Jüngern irrtümlich für Jesus gehalten, und niemand stellte jemals ihren Irrtum richtig.
Keine dieser natürlichen Theorien wird allen bekannten Fakten um die Auferstehung Jesu Christi gerecht.

DER INDIZIENBEWEIS

Es gibt tatsächlich weitere Beweise für die körperliche Auferstehung Christi. Man nennt sie Indizienbeweise. „Unmittelbare Beweise" betreffen die in Frage stehende Tatsache selbst, wie »ist Christus von den Toten auferstanden?« das „Random House Dictionary of the English Language" vermittelt die Bedeutung von *Indizienbeweis* am besten, nämlich als »eine Tatsache, aus deren Vorhandensein der Beweis für eine andere Tatsache entnommen wird.«

Unmittelbarer Indizienbeweis

Bei einem Raubüberfall zum Beispiel ist die Aussage eines Zeugen, der gesehen hat, wie der Mann eine Waffe zog und auf den Angestellten schoß, ein *unmittelbarer Beweis*. Aber der Beweis, daß
1. der Mann gesehen wurde, als er das Geschäft unmittelbar vor dem Schuß betrat,
2. eine Quittung, die zeigt, daß er die Waffe gekauft hat,
3. seine Fingerabdrücke auf der Waffe und auf der Registrierkasse und
4. ein ballistischer Bericht, der zeigt, daß die Kugel aus seiner Waffe kam,
all das sind *Indizienbeweise*.

100

Die Beweise häufen sich

Das Unvermögen irgendeines Indizienbeweises, eine Tatsache endgültig zu beweisen, macht diesen Beweis nicht weniger wertvoll. Wie McCormick sagt, ein Ziegelstein ist keine Mauer, aber kleine Beweisstücke summieren sich zu einem festen Beweis. Vor einem Gericht ist der Indizienbeweis ebenso gültig wie der unmittelbare Beweis. Und oft ist ein starker Indizienbeweis vertrauenswürdiger als ein unmittelbarer Beweis, da er nicht so leicht fabriziert werden kann. Es gibt Indizienbeweise, die ohne die Tatsache der Auferstehung nicht zu erklären sind.

INDIZIENBEWEIS 1 — Die Kirche

Tatsache Nr. 1 ist der Ursprung und die Existenz der Kirche. Der frühe Erfolg der christlichen Kirche ist ein historisches Phänomen, das erklärt werden muß. Ihr Ursprung kann unmittelbar in die Stadt Jerusalem in Palästina um das Jahr 30 n. Chr. zurückverfolgt werden. Sie blühte in der Stadt, in der Jesus gekreuzigt und begraben worden war.

Glauben Sie, daß die frühe Kirche auch nur eine Woche in ihrer feindlichen Umgebung überlebt hätte, wenn Jesus Christus nicht von den Toten auferstanden wäre? Die Auferstehung ihres Gründers wurde nur wenige Gehminuten von Josephs Grab entfernt gepredigt. Als Ergebnis der ersten Predigt, unmittelbar nachdem ein auferstandener Christus bekundet worden war, glaubten 3000. Kurz darauf waren es schon 5000. Hätten all diese Bekehrten gewonnen werden können, wenn Jesus nicht von den Toten auferstanden wäre?

Dr. J. N. D. Anderson schließt aus den Beweisen, daß die Kirche ihren Ursprung der Auferstehung ihres Gründers von den Toten verdankt. Er fragt:»Gibt es denn irgendeine andere Theorie, die den Tatsachen gerecht wird?«

Dr. Daniel Fuller stellt fest:»Die Kirche ohne Beziehung zur Auferstehung ihres Gründers erklären zu wollen, wäre genau so hoffnungslos, wie zu versuchen, die römische Geschichte ohne Beziehung zu Julius Cäsar zu erklären.«

INDIZIENBEWEIS 2 — Sonntagsgottesdienst

Tatsache Nr. 2 ist das soziologische Phänomen des christlichen Sonntags. Die Entscheidung, den ,,Tag des Herrn'' vom Sabbat (Samstag) auf den ersten Tag der Woche (Sonntag) zu verlegen, ist wahrscheinlich eine der bedeutsamsten Entscheidungen, die jemals von einer Gruppe von Menschen in der Geschichte getroffen wurde. Das wird besonders deutlich, wenn man die Folgen betrachtet, die nach dem Glauben der Juden, eintreten würden, wenn sie unrecht hatten.

Die frühen Christen waren fromme Juden und als solche fanatisch darauf bedacht, den Sabbat einzuhalten. Die Juden fürchteten sich, den Sabbat zu brechen. Sie glaubten, sich den Zorn Gottes zuzuziehen, wenn sie ihn brachen. Doch etwas geschah, das diese frommen jüdischen Männer und Frauen veranlaßte, all den Jahren religiöser Erziehung und Tradition den Rücken zu kehren.

Sie verlegten ihren ,,Tag des Herrn'' auf den Sonntag, um den Tag der Auferstehung Jesu Christi zu ehren. Ich kenne kein anderes historisches Ereignis, das 52mal im Jahr gefeiert wird.

Die vernünftigste Erklärung für all dies ist, daß Jesus Christus ihnen nach seiner Auferstehung erschien.

INDIZIENBEWEIS 3 — Verändertes Leben

Eine weitere Tatsache, die als Indizienbeweis die Auferstehung Jesu betrifft, ist das psychologische Phänomen des veränderten Lebens.

Sie hatten keinen irdischen Gewinn

Das veränderte Leben dieser frühen christlichen Gläubigen ist eines der lautstärksten Zeugnisse für die Tatsache der Auferstehung. Wir müssen uns selbst fragen: Was motivierte sie dazu, überallhin zu gehen und die Botschaft des auferstandenen Christus zu verkünden?

Hätte es sichtbare Vorteile gegeben, die ihnen aus ihren Bemühungen entstanden wären — wie Ansehen, Reichtum oder ein höherer sozialer Status — könnten wir ihre Handlungen logisch erklären. Als Lohn für ihre rückhaltlose und totale Hingabe an diesen ,,auferstandenen Christus'' wurden diese frühen Christen jedoch geschlagen, zu Tode gesteinigt, den Löwen vorgeworfen, gefoltert, gekreuzigt und jeder erdenkbaren Repressalie unterworfen, die sie am Reden hindern sollte. Und doch waren sie die friedlichsten aller Menschen, die ihren Glauben niemandem aufzwangen. Eher gaben sie ihr Leben als letzten Beweis für ihr vollkommenes Vertrauen in die Wahrheit ihrer Botschaft.

Die am schwersten zu Überzeugenden

Da war die skeptische Familie Jesu. Seine Brüder glaubten nicht an ihn. Sie waren verstört, als sie hörten, wie ihr Bruder zu den Menschen sagte: »Ich bin der Weg und die Wahrheit und das Leben; niemand kommt zum Vater denn durch mich« und »Ich bin der Weinstock, ihr seid die Reben« und »Ich bin der gute Hirte. Der gute Hirte läßt sein Leben für die Schafe.«
Was würden Sie tun, wenn Ihr Bruder das täte?
Da war Jakobus, sein Bruder. Er hielt sich in der Gesellschaft der Pharisäer auf. Jakobus und seine Brüder verspotteten Jesus.
Aber nachdem Jesus jenen erniedrigenden Tod am Kreuz erlitten und Schande über die Familie gebracht hatte und begraben war, wo finden wir da diejenigen, die am schwersten zu überzeugen waren — seine eigene Familie?
Wir finden sie in dem Obergemach mit den Jüngern, die Sendung des Heiligen Geistes erwartend. Nun, wenn sie ihn verspottet hatten, als er noch lebte, was war innerhalb weniger Tage geschehen, das ihr Leben umkehrte?
Jakobus wurde ein Führer der frühen Kirche und schrieb einen Brief mit den Worten: »Jakobus, ein Knecht Gottes und des Herrn Jesus Christus (sein Bruder)...« Schließlich starb Jakobus für die Sache Christi einen Märtyrertod durch Steinigung. Was war geschehen?
Die beste Erklärung, die ich kenne, wird von Paulus berichtet: »... danach ist er gesehen worden von Jakobus.«

Seine feigen Anhänger

Was war mit den ängstlichen Jüngern Jesu? Als die Behörden Jesus im Garten Gethsemane gefangennahmen, »da verließen ihn alle Jünger und flohen.« Während Christi Prozeß ging Petrus hin und verleugnete ihn dreimal. Nachdem Christus gekreuzigt worden war, versteckten sich die ängstlichen Jünger in einem Obergemach und verriegelten die Türen. Aber innerhalb von Tagen geschah etwas, das diese Gruppe von feigen Anhängern total veränderte und sie zu einer kühnen Schar von Enthusiasten machte, die dem Märtyrertod ohne Furcht und Zögern begegneten. Petrus, der Jesus verleugnet hatte, wurde für seine beharrlichen Predigten vom „auferstandenen Christus" ins Gefängnis geworfen und später selber mit dem Kopf nach unten gekreuzigt. Was war geschehen? Die logischste Erklärung ist,»daß er gesehen worden ist von Kephas (Petrus), danach von allen Aposteln.«

Ein jüdischer Fanatiker bekehrt

Und was war mit Saulus, später Paulus, dem religiösen Verfolger der Christen? Dieser jüdische Fanatiker haßte die Anhänger Christi so sehr, daß er sich eine besondere Erlaubnis geben ließ, um in andere Städte zu gehen und Jünger Christi einzukerkern.

Aber etwas geschah mit diesem Verfolger. Er wurde von einem Gegner zu einem Vorkämpfer Jesu. Er wurde von einem Mörder zum christlichen Missionar verwandelt. Er wurde von einem bitteren Verfolger der Christen zu einem der größten Verkünder des christlichen Glaubens. Die Ironie ist, daß Paulus begann, die jüdischen Behörden zu verwirren»und bewies, daß dieser ist der Christus«, der Sohn Gottes. Er wurde schließlich für diese Hingabe an Christus getötet.

Was war geschehen? Die historische Erklärung ist Paulus' Behauptung:»Am letzten von allen, ist er auch von mir gesehen worden.«

Die Bekehrung des Paulus war so dramatisch; ein moderner Vergleich wäre, wenn der Papst, der Führer der katholischen Kirche, zum Protestanten würde.

Kaum etwas könnte heute dem gewaltigen Ereignis der Bekehrung des Paulus zum Christentum gleichkommen. Was Paulus für Lügen, reine Erfindung über Jesus gehalten hatte, stellte sich als unleugbare Tatsache heraus.

Es wäre sehr schwierig, die Verwandlung dieser Männer zu erklären, wenn die Auferstehung nicht wahr wäre. Professor Robert Grey sagt:»Der Ursprung des Christentums ist fast unverständlich, wenn ein solches Ereignis nicht stattgefunden hat.«

Eine Auferstehung erklärt alle Tatsachen

Der Juraprofessor Simon Greenleaf von Harvard, ein Mann, der jahrelang gelehrt hat, wie man eine Aussage auseinandernimmt und feststellt, ob ein Zeuge lügt oder nicht, kommt zu dem Schluß:»Es wäre daher unmöglich, daß sie fortfuhren, die Wahrheiten zu bezeugen, wenn Jesus nicht wirklich von den Toten auferstanden wäre und sie diese Tatsache nicht absolut sicher gewußt hätten.

Die Annalen der militärischen Kriegsführung bieten kaum ein ähnliches Beispiel von heroischer Standhaftigkeit, Geduld und nicht wankendem Mut. Sie hatten tatsächlich allen Grund, ihren Glauben und die Beweise für die großen Tatsachen und Wahrheiten, die sie verfochten, sorgfältig zu überdenken.«

Dr. George Eldon Ladd, schreibt über die historische Bedeutsamkeit der Veränderung in den Aposteln:»Der Historiker muß auch eingestehen, daß die historische Kritik noch keine angemessene historische Erklärung für diese Tatsache gefunden hat, ja, daß für den Historiker die Verwandlung in den Jüngern ein ungelöstes Problem darstellt. Er muß auch zugeben, daß die Absicht, Jesus sei tatsächlich von den Toten auferstanden, alle Fakten erklären würde.«

Wer heute an Jesus Christus glaubt, kann wie diese ersten Christen vollständig darauf vertrauen, daß sein Glaube nicht auf einem Mythos oder einer Legende beruht, sondern auf der soliden historischen Tatsache des leeren Grabes und des auferstandenen Christus.

Er kann Ihr Leben verändern

Was noch wichtiger ist, der einzelne Gläubige kann die Macht des auferstandenen Christus in seinem heutigen Leben erfahren. Erstens kann er wissen, daß seine Sünden vergeben sind. Zweitens kann er des ewigen Lebens und der eigenen Auferstehung aus dem Grabe sicher sein. Und dritten kann er von einem bedeutungslosen und leeren Leben erlöst und zu einem neuen Geschöpf in Jesus Christus verwandelt werden.

Zusammenfassung

Vor Gericht ist ein Indizienbeweis oft vertrauenswürdiger als ein unmittelbarer Beweis, da er nicht so leicht fabriziert werden kann. Einige starke Indizienbeweise sprechen deutlich für die körperliche Auferstehung Jesu Christi:

1. Der Ursprung und die Existenz der christlichen Kirche wurzeln in Jerusalem, zur selben Zeit, als es von dem Ereignis der Auferstehung erschüttert wurde.

2. Die Tatsache, daß die frühen Christen, die alle frommen Juden waren, am Sonntag statt am Samstag, dem Sabbat, ihre Andacht abhielten, kann nur erklärt werden, weil der Sonntag der Tag der Auferstehung war.

3. Das Phänomen des verwandelten Lebens der frühen Jünger kann außerhalb der Tatsache der Auferstehung nicht erklärt werden. Inmitten einer unglaublich feindlichen Umgebung waren die Jünger unerschütterlich in ihrer Sicherheit in bezug auf die Auferstehung. Und die folgende Bekehrung und Mission des Apostels Paulus ist eine der tiefgreifendsten Verwandlungen im gesamten Neuen Testament.

ER VERÄNDERTE MEIN LEBEN

INDIZIENBEWEIS 4 — Er hat mein Leben verändert

Der letzte Indizienbeweis, den ich vorbringen möchte, ist, was mit mir selbst geschah. Ich glaube, ich bin ein wandelndes Zeugnis dafür, daß Jesus Christus von den Toten auferstanden ist und heute lebt. Im ersten Kapitel habe ich erzählt, wie ich mich daran machte, die Auferstehung und das Christentum intellektuell zu widerlegen. Nachdem ich die Beweise gesammelt hatte, von denen einige in diesem Buch mitgeteilt wurden, war ich zu dem Schluß gezwungen, daß meine Behauptungen nicht standhalten konnten, sondern daß Jesus Christus genau der war, der zu sein er behauptete — der Sohn Gottes.

Ein Konflikt entwickelt sich

In dem Moment stand ich aber vor einem großen Problem. Mein Verstand sagte mir, daß all dies wahr sei, aber mein Wille zog mich in eine andere Richtung. Ich entdeckte, daß es eine das ganze Ich erschütternde Erfahrung ist, ein Christ zu werden.

Jesus Christus forderte meinen Willen unmittelbar heraus, ihm zu vertrauen. Lassen Sie mich seine Einladung frei wiedergeben: »Sieh! Ich stehe vor der Tür und klopfe ständig an. Wenn irgend jemand hört, daß ich ihn rufe und die Tür öffnet, dann werde ich eintreten.«

Da stand ich also: Mein Verstand sagte mir einerseits, das Christentum sei wahr, und mein Wille sagte:»Gib es nicht zu!« Jedesmal, wenn ich mit diesen enthusiastischen Christen zusammen war, begann der Konflikt von neuem. Wenn Sie jemals mit glücklichen Menschen zusammen waren, während es Ihnen miserabel ging, verstehen Sie, wie verrückt einen das machen kann. Sie waren so glücklich, und ich fühlte mich so elend, daß ich am liebsten aufgestanden und aus der Studentenversammlung hinausgerannt wäre.

Es kam zu einem Punkt, an dem ich um zehn Uhr abends ins Bett ging und nicht vor vier Uhr morgens einschlief. Ich wußte, ich mußte Jesus aus dem Kopf bekommen oder ich würde den Verstand verlieren! Ich war immer aufgeschlossen, aber nicht so aufgeschlossen, daß mein Gehirn herausfallen konnte.

Das neue Leben beginnt

Da ich aufgeschlossen war, wurde ich am 19. Dezember 1959, um 20.30 Uhr, während meines zweiten Jahres an der Universität, ein Christ.

Jemand fragte mich:»Wie können Sie das wissen?«

Ich sagte:»Sehen Sie, ich war dabei.«

In jener Nacht betete ich. Ich betete vier Dinge, um eine Beziehung zu dem auferstandenen, lebendigen Christus herzustellen. Seitdem hat er mein Leben verändert.

Erstens sagte ich:»Herr Jesus, danke, daß du für mich am Kreuz gestorben bist.« Zweitens sagte ich:»Ich gestehe die Dinge in meinem Leben ein, die dir nicht gefallen, und bitte dich, mir zu vergeben und mich zu reinigen.« — Die Bibel sagt:»Wenn eure Sünde auch blutrot ist, soll sie doch schneeweiß werden.« — Drittens sagte ich:»Jetzt werde ich, so gut ich kann, die Tür meines Herzens und Lebens öffnen und dir als meinem Erlöser und Herrn vertrauen. Übernimm die Leitung meines Lebens. Kehre mein Inneres nach außen. Mache mich zu dem Menschen, als den du mich geschaffen hast.«

Das Letzte, das ich betete, war:»Danke, daß du durch den Glauben in mein Leben getreten bist.« Es war ein Glaube, der nicht auf Unwissenheit beruhte, sondern auf den Zeugnissen der Geschichte und dem Wort Gottes.

Ich bin sicher, Sie haben gehört, daß religiöse Menschen von ihrem ,,Blitzschlag" sprachen. Nun, nachdem ich gebetet hatte, geschah

nichts. Ich meine wirklich nichts. Ich hatte meine Flügel noch nicht entfaltet! Ich fühlte mich, nachdem ich diese Entscheidung getroffen hatte, noch schlechter. Ich fühlte buchstäblich, daß ich mich übergeben mußte. Mir war zutiefst übel.
»Oh, nein, McDowell, worauf hast du dich jetzt eingelassen?« fragte ich mich. Ich fühlte mich so, als hätte ich die Fassung verloren — und einige meiner Freunde stimmten mir bei.

Die Veränderungen beginnen

Aber ich kann Ihnen eines sagen: Innerhalb von 6 Monaten bis $1^1/_2$ Jahren stellte ich fest, daß ich nicht die Fassung verloren hatte. Mein Leben war verändert!

Ich befand mich in einer Debatte mit dem Leiter der historischen Abteilung einer Universität des mittleren Westens, und ich sagte, mein Leben habe sich verändert. Er unterbrach mich:»McDowell, Sie wollen uns doch nicht erzählen, daß Gott wirklich Ihr Leben im 20. Jh. verändert hat? Auf welchem Gebiet?«

Nachdem ich 45 Minuten lang die Veränderungen beschrieben hatte, sagte er:»Okay, das ist genug!«

Frieden des Geistes

Ein Gebiet, von dem ich ihm erzählte, war meine Ruhelosigkeit. Ich war ein Mensch, der immer beschäftigt sein mußte. Ich mußte entweder in der Wohnung meiner Freundin sein oder auf einer Party. Ich ging über den Campus, und mein Geist war ein Wirbelwind von Konflikten. Ich setzte mich hin, um zu studieren oder zu denken, und ich konnte es nicht. Aber einige Monate, nachdem ich die Entscheidung für Christus getroffen hatte, entwickelte sich eine Art geistiger Frieden. Verstehen Sie mich nicht falsch, ich spreche nicht von der Abwesenheit von Konflikten. Was ich in der Beziehung zu Jesus fand, war nicht so sehr das Fehlen von Konflikten, sondern die Fähigkeit, damit fertig zu werden. Das würde ich für nichts in der Welt eintauschen.

Kontrolle des Temperaments

Ein anderer Bereich, der sich änderte, war mein Jähzorn. Ich ging gewöhnlich schon in die Luft, wenn jemand mich nur schief ansah. Ich trage immer noch die Narben davon, in meinem ersten Jahr an der Universität beinahe einen Mann getötet zu haben. Mein Temperament war ein so wesentlicher Teil von mir, daß ich nicht bewußt versuchte, es zu ändern. Eines Tages fand ich mich in einer Krise, um festzustellen, daß mein Jähzorn mich verlassen hatte. Und nur ein einziges Mal in den letzten 21 Jahren habe ich die Beherrschung verloren. (Aber als ich da in die Luft ging, hatte ich für sechs Jahre nachzuholen!)

Ein Mann, den ich haßte

Und es gibt noch ein anderes Gebiet, auf das ich nicht stolz bin. Aber ich erwähne es, weil viele Menschen dieselbe Veränderung in ihrem Leben durch eine Beziehung zu dem auferstandenen, lebendigen Christus brauchen. Es ist das Gebiet des Hasses.

Es gab eine Menge Haß in meinem Leben. Es war nichts, das sich äußerlich zeigte, sondern eine Art inneres Knirschen. Ich stieß mich an Menschen, an Dingen, an Sachverhalten. Wie so viele andere Menschen war ich unsicher. Jedesmal, wenn ich jemand traf, der anders war als ich, wurde er zu einer Bedrohung.

Der eine Mensch, den ich mehr haßte, als irgend jemand sonst auf der Welt, war mein Vater. Ich verachtete ihn. Für mich war er der Stadtsäufer. Wenn Sie aus einer kleinen Stadt kommen und einer Ihrer Elternteile ein Alkoholiker ist, wissen Sie, wovon ich spreche. Jeder wußte es. Meine Freunde kamen in die Hochschule und machten Witze darüber, daß mein Vater unterwegs war. Sie glaubten nicht, daß es mir etwas ausmachte. Nach außen hin lachte ich, aber ich sage Ihnen, innerlich weinte ich. Einmal ging ich in den Stall und sah meine Mutter im Mist hinter den Kühen liegen — so schrecklich geschlagen, daß sie nicht aufstehen konnte.

Wenn wir Freunde zu Besuch hatten, brachte ich meinen Vater hinaus, band ihn im Stall fest und parkte das Auto hinter dem Silo. Wir erzählten unseren Freunden, er sei irgendwohin gefahren. Ich glaube nicht, daß irgend jemand einen Menschen mehr hassen könnte, als ich meinen Vater gehaßt habe.

Von Haß zu Liebe

Vielleicht fünf Monate, nachdem ich meine Entscheidung für Christus getroffen hatte, trat die Liebe Gottes durch Jesus Christus in mein Leben. Sie nahm meinen Haß und kehrte ihn um. Sie war so stark, daß ich meinem Vater gerade in die Augen sehen und sagen konnte:»Vater, ich liebe dich.« Und ich meinte es wirklich so. Nach dem, was ich schon alles getan hatte, rüttelte ihn das auf. Als ich zu einer privaten Universität überwechselte, war ich in einen schweren Autounfall verwickelt. Den Hals im Streckverband, wurde ich nach Hause gebracht. Ich werde nie vergessen, wie mein Vater in das Zimmer kam und fragte:»Junge, wie kannst du einen Vater wie mich lieben?« Ich sagte:»Vater, vor sechs Monaten habe ich dich noch verachtet.« Dann teilte ich ihm meine Erkenntnisse über Jesus Christus mit.

»Ich ließ Christus in mein Leben treten«, sagte ich.»Ich kann es nicht vollkommen erklären. Aber als Ergebnis dieser Beziehung habe ich die Fähigkeit gefunden, nicht nur dich, sondern auch andere Menschen zu lieben und zu akzeptieren, wie sie sind.«

45 Minuten später erlebte ich eine der größten Freuden meines Lebens. Jemand aus meiner Familie, jemand, der mich so gut kannte, daß ich ihm nichts vormachen konnte, sagte zu mir:»Sohn, wenn Gott für mein Leben tun kann, was ich ihn habe für dein Leben tun sehen, dann will ich ihm die Gelegenheit dazu geben.« Auf der Stelle betete mein Vater mit mir und vertraute auf Christus.

Gewöhnlich finden Veränderungen über mehrere Tage, Wochen oder Monate, selbst ein Jahr hinweg statt. Mein Leben veränderte sich in ungefähr sechs Monaten bis $1^1/_2$ Jahren. Das Leben meines Vaters wurde genau vor meinen Augen verändert. Es war, als ob jemand die Hand ausstreckte und eine Glühbirne einschaltete. Ich habe niemals vorher oder nachher eine so schnelle Veränderung gesehen. Mein Vater hat danach nur noch ein einziges Mal Whisky angerührt. Er führte ihn bis zu den Lippen, und das war's.

Es funktioniert

Ich bin zu einer Erkenntnis gekommen. Eine Beziehung zu Jesus Christus verändert das Leben. Sie können über das Christentum lachen. Sie können es verspotten und lächerlich machen. Aber es funktioniert. Es verändert das Leben. Wenn Sie auf Christus vertrauen, beobachten Sie Ihre Haltungen und Handlungen, weil Jesus Christus dabei ist, das Leben zu verändern.

111

Sie haben die Wahl

Aber das Christentum ist keine Sache, die man erzwingen oder jemand einrammen kann. Sie müssen Ihr Leben leben und ich meines. Alles, was ich tun kann, ist Ihnen zu berichten, was ich gelernt habe. Alles, was darüber hinausgeht, ist Ihre Entscheidung. Meine Frau drückt es so aus:»Weil Christus von den Toten auferstanden ist, lebt er. Er hat die unendliche Fähigkeit, in das Leben eines Mannes oder einer Frau einzutreten, zu vergeben und das Innere nach außen zu kehren.« Der Schlüssel dazu ist die Auferstehung. Er ist auferstanden!

Es ist eine persönliche Sache

Ich habe mitgeteilt, wie ich persönlich auf die Behauptungen Christi reagiert habe. Auch Sie müssen sich die logische Frage stellen:»Was bedeuten all diese Zeugnisse für mich? Welchen Unterschied macht es, ob ich glaube oder nicht glaube, daß Christus auferstanden ist?« Die beste Antwort darauf liegt in dem, was Jesus zu Thomas sagte:»Ich bin der Weg und die Wahrheit und das Leben; niemand kommt zum Vater denn durch mich.«

Auf der Grundlage all der Zeugnisse für die Auferstehung Christi und in Anbetracht der Tatsache, daß Jesus die Vergebung der Sünden und eine ewige Verbindung zu Gott anbietet, wer könnte so tollkühn sein, ihn zurückzuweisen? Christus lebt! Er lebt heute! Sie können Gott vertrauen, in diesem Augenblick, durch Glauben im Gebet. Gebet heißt Gespräch mit Gott. Gott kennt Ihr Herz und achtet weniger auf Ihre Worte, als auf die Haltung Ihres Herzens. Wenn Sie niemals auf Christus vertraut haben, können Sie es in diesem Augenblick tun.

Das Gebet, das ich sprach, lautete etwa so:»Herr Jesus, ich brauche dich. Danke, daß du für meine Sünden am Kreuz gestorben bist. Ich öffne die Tür meines Lebens und vertraue auf dich als meinen Erlöser und Herrn. Danke, daß du mir die Sünden vergeben und ewiges Leben geschenkt hast. Mache mich zu einem Menschen, wie du ihn dir wünscht. Danke, daß ich auf dich vertrauen kann.«

Zusammenfassung

Als die Beweise mich zu dem Schluß zwangen, daß Jesus Christus von den Toten auferstanden ist und, wie er behauptete, der Sohn Gottes sein mußte, stieß ich auf ein persönliches Problem. Mein Verstand war überzeugt, aber mein Wille zog mich in eine andere Richtung. Am 19. Dezember 1959 setzte ich alles auf eine Karte, indem ich Jesus Christus als Herrn akzeptierte und ihn bat, in mein Leben einzutreten und es zu leiten. Das Ergebnis war nicht unmittelbar dramatisch, aber in den nächsten sechs bis acht Monaten veränderte sich mein Leben. Ein geistiger Friede trat an die Stelle meiner Ruhelosigkeit. Mein Jähzorn geriet unter Kontrolle und verschwand schließlich. Mein tiefer Haß auf meinen Vater, den Stadtsäufer, verwandelte sich in Liebe. Und diese Liebe veränderte ihn, da auch er betete und sein Leben Christus anvertraute.

Dieselbe Macht, die Jesus Christus von den Toten auferstehen ließ, verwandelt noch heute das Leben. Es kann auch Ihres sein, wenn Sie aufrichtig darum bitten:»Herr Jesus, ich brauche dich. Danke, daß du für mich am Kreuz gestorben bist. Vergib mir und reinige mich. Von diesem Augenblick an vertraue ich auf dich als meinen Erlöser und Herrn. Mache mich zu dem Menschen, als den du mich erschaffen hast. Amen.«

Gott persönlich kennenlernen

Zu einem Leben in Gemeinschaft mit Gott gibt es nur einen Weg. Aber jeder Mensch wird auf diesem Weg anders geführt. Dabei haben sich die vier Schritte, die im folgenden geschildert werden, als eine hilfreiche Leitlinie erwiesen.

1. GOTT LIEBT SIE UND HAT SIE GESCHAFFEN, DAMIT SIE EINE PERSÖNLICHE BEZIEHUNG ZU IHM HABEN KÖNNEN.

Gott liebt Sie

»Gott liebte die Menschen so sehr, daß er seinen einzigen Sohn hergab. Nun wird jeder, der sich auf den Sohn Gottes verläßt, nicht zugrunde gehen, sondern ewig leben.«   *Johannes 3,16*

Gott möchte, daß Sie ihn kennenlernen

Jesus sagte: »Ich bin gekommen, um das Leben in seiner ganzen Fülle zu bringen.«   *Johannes 10,10*

»Darin besteht das ewige Leben: Die Menschen erkennen dich als den einzigen wahren Gott, und sie erkennen den, den du gesandt hast, Jesus Christus.«
Johannes 17,3

Aber warum erfahren viele Menschen Gottes Liebe nicht?

2. DIE GEMEINSCHAFT MIT GOTT IST DURCH DIE SÜNDE DES MENSCHEN ZERSTÖRT. DESHALB KANN ER GOTTES LIEBE NICHT ERFAHREN.

Was ist Sünde?

Der Mensch ist geschaffen, um in einer persönlichen Beziehung mit Gott zu leben. Er meint aber sein Leben ohne Gott meistern zu können. Er lehnt sich gegen Gott auf, oder ist ihm gegenüber gleichgültig. Diese Haltung nennt die Bibel Sünde. Sie führt zu einem falschen Verhältnis zum Mitmenschen und zu sich selbst. Verdeckte und offensichtliche Verfehlungen im menschlichen Bereich haben ihre Wurzel im zerstörten Verhältnis zu Gott.

Wer hat gesündigt?

»Alle haben gesündigt und können deshalb nicht vor Gott bestehen.«

Römer 3,23

Was sind die Folgen der Sünde?

»Eure Sünden scheiden euch von eurem Gott.«   *Jesaja 59,2*

Wer aber von Gott geschieden ist, ist geistlich tot und geht verloren.

Kolosser 2,13; Epheser 2,1

Gott ist heilig. Der Mensch ist sündig. Zwischen beiden besteht eine tiefe Kluft. Der Mensch versucht durch eigene Bemühungen, durch gutes Leben, Philosophie, Religiosität oder Mitmenschlichkeit diese Kluft zu überbrücken. Doch alle Anstrengungen sind vergeblich, weil sie das Kernproblem der Sünde nicht lösen können.

Der dritte Punkt zeigt uns den wahren Ausweg:

3. JESUS CHRISTUS IST GOTTES WEG AUS DER SÜNDE. ALLEIN DURCH IHN KANN DER MENSCH EINE PERSÖNLICHE BEZIEHUNG ZU GOTT FINDEN.

Jesus Christus ist für uns Mensch geworden

● Schon die alttestamentlichen Propheten kündigten einen Retter an.

Jesaja 9,5; Micha 5,1

● Jesus ist dieser von Gott versprochene Retter. Er wurde Mensch, lebte auf dieser Erde und verkündete durch sein Reden und Handeln die Herrschaft Gottes.   *Philipper 2,7; Markus 1,15*

● Er lebte ohne Sünde, das heißt in einer ununterbrochenen Beziehung zum Vater.   *Hebräer 4,15; Johannes 10,30*

115

Jesus Christus starb stellvertretend für uns

● Er starb, um die Trennung zwischen Gott und den Menschen zu beseitigen.

»Denkt an Christus, der einmal — und das gilt für immer — für die Schuld der Menschen gestorben ist. Er, der Schuldlose, starb für die Schuldigen. Das tat er, um euch den Weg zu Gott freizumachen.«   *1. Petrus 3,18*

»Gott aber beweist seine Liebe zu uns dadurch, daß Christus für uns gestorben ist, als wir noch Sünder waren.«   *Römer 5,8*

Jesus ist von den Toten auferstanden

»Diesen Jesus hat Gott auferweckt; dessen sind wir alle Zeugen.«
                                                    Apostelgeschichte 2,32
Seine Auferstehung bestätigt:
● daß er Gottes Sohn ist.   *Römer 1,4*
● daß Gott bereit ist, uns zu vergeben.   *Apostelgeschichte 13,34-39*
● daß wir seine Gegenwart und Hilfe heute erfahren können.
                                                    Johannes 14,19

Jesus ist der einzige Weg

Er sagte:»Ich bin der Weg und die Wahrheit und das Leben; niemand kommt zum Vater als nur durch mich.«   *Johannes 14,6*

Gott hat durch sein Handeln die Kluft überbrückt, die uns von ihm trennt. Er sandte seinen Sohn Jesus Christus, damit er für uns sein Leben hingab. Aufgrund dieses Geschehnisses können wir jetzt Vergebung für unsere Sünden und einen echten Neuanfang erfahren.

Diese drei Punkte nur zu kennen, genügt nicht ...

4. WIR KÖNNEN GEMEINSCHAFT MIT GOTT FINDEN, WENN WIR JESUS CHRISTUS ALS UNSEREN HERRN UND ERLÖSER ANNEHMEN.

Diese Gemeinschaft ist Gottes Geschenk und wird erlebt, wenn wir Jesus unser Vertrauen schenken.

»Allen aber, die ihn aufnahmen, gab er Macht, Gottes Kinder zu werden, allen, die an seinen Namen glauben.« *Johannes 1,12*

Dazu gehört:
● daß wir Gott unsere Schuld eingestehen,
● daß wir Gottes Vergebung vertrauensvoll annehmen,
● daß wir Gott die Führung unseres Lebens übergeben.

Jesus spricht: »Siehe, ich stehe vor der Tür und klopfe an. Wer meine Stimme hört und mir die Tür öffnet, bei dem will ich eintreten.« *Offenbarung 3,20*

Es genügt nicht, diesen Aussagen nur gedanklich oder gefühlsmäßig zuzustimmen. Eine bewußte Willensentscheidung ist notwendig, wie die folgende Zeichnung deutlich macht.

Hier werden zwei Lebenseinstellungen gezeigt:

Das Ich im Mittelpunkt des Lebens

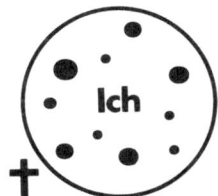

Dieser Mensch bestimmt sein Leben selbst, auch wenn er sich vielleicht als Christ bezeichnet. Christus ist am Rande oder außerhalb seines Lebens. Die einzelnen Punkte stellen verschiedene Bereiche seines Lebens dar wie Freundschaften, Beruf, Freizeit und Geld. Diese Bereiche werden vom »Ich« beherrscht und führen oft zu Unzufriedenheit, Enttäuschung und Sinnlosigkeit.

Jesus Christus im Mittelpunkt des Lebens

Bei diesem Menschen bestimmt Christus sein Leben, weil er im Vertrauen Gottes Vergebung angenommen hat und Christus jeden Bereich seines Lebens unterstellt. In dieser engen Beziehung erfährt er zunehmend ein sinnerfülltes Leben.

Welche Lebenseinstellung trifft am ehesten auf Sie zu?

117

Im folgenden wird erklärt, wie ein Leben mit Jesus Christus im Mittelpunkt beginnen kann:

Sie können jetzt Ihr Leben Jesus Christus bewußt anvertrauen. Gott kennt Sie. Ihm kommt es nicht auf gut formulierte Worte an, sondern auf Ihre ehrliche Einstellung.

Folgendes Gebet ist eine Möglichkeit, Ihr Vertrauen zu Gott auszudrücken:

»Vater im Himmel, mir ist klar geworden, daß ich mein Leben selbst bestimmt habe und von Dir getrennt bin. Vergib mir meine Schuld. Danke, daß Du meine Sünden vergeben hast, weil Christus für mich gestorben und mein Erlöser geworden ist. Herr Jesus, bitte übernimm die Herrschaft in meinem Leben und verändere mich so, wie du mich haben willst. Danke, daß du mein Gebet beantwortest und mein Leben führen und gestalten wirst.«

Entspricht dieses Gebet Ihrem Verlangen?

Wenn ja, dann können Sie es jetzt zu Ihrem eigenen Gebet machen und Jesus wird so, wie er es versprochen hat, in Ihr Leben kommen. Jesus ermutigt uns: »Bittet, dann wird euch gegeben, suchet, dann werdet ihr finden, klopft an, dann wird euch geöffnet!«   *Matthäus 7,7*

Möchten Sie dies jetzt tun?

Was geschieht, wenn Sie Ihr Leben Jesus Christus anvertrauen?

● Jesus Christus wird Herr über Ihr Leben.   *Johannes 20,28*

● Er vergibt Ihnen Ihre Sünden.   *Kolosser 1,14*

● Er schenkt Ihnen Geborgenheit, Freude und Hoffnung.   *Römer 14,17*

● Sie werden ein Kind Gottes, und dürfen zu Gott »Vater« sagen.

Matthäus 6,9

● Sie beginnen an dem sinnerfüllten Leben, für das Gott Sie geschaffen hat, teilzuhaben.   *Johannes 10,10*

● Sie erfahren die Kraft des Heiligen Geistes.   *Apostelgeschichte 2,38*

Neues Leben aus der Kraft des Heiligen Geistes

Der Heilige Geist ist Gott — heute am Wirken. Er befähigt uns zu glauben und schenkt uns neues Leben. Das Leben des Christen ist ein Leben aus der Kraft des Heiligen Geistes. Er hilft uns, die Bibel zu verstehen und zu beten. Er schenkt uns Liebe zu Gott und den Mitmenschen.

Gewißheit des ewigen Lebens in Gemeinschaft mit Gott

»Gott hat uns ewiges Leben gegeben, und wir erhalten dieses Leben in seinem Sohn. Wer den Sohn angenommen hat, der hat das Leben, wer den Sohn Gottes nicht angenommen hat, der hat das Leben nicht. Das habe ich euch, die ihr an den Namen des Sohnes Gottes glaubt, geschrieben, damit ihr wißt, daß ihr das ewige Leben habt.« *1. Johannes 5,11-13*

Praktische Hinweise für ein Leben mit Christus

Das christliche Leben ist ein Wachstumsprozeß. Ihre Beziehung zu Christus vertieft sich, wenn Sie ihm in den Einzelheiten Ihres Lebens immer mehr vertrauen lernen. Dazu einige Ratschläge:

● Machen Sie Ihren Glauben nicht abhängig von Ihrem Temperament, Ihren Gefühlen und wechselvollen Erfahrungen, sondern setzen Sie Ihr Vertrauen auf die Glaubwürdigkeit Gottes und die Zusagen in seinem Wort, der Bibel.

● Lesen Sie täglich einen Abschnitt aus der Bibel. Beginnen Sie zum Beispiel mit dem Johannesevangelium. Nehmen Sie dazu eine Bibellesehilfe zur Hand.

● Beginnen und schließen Sie den Tag mit einem Gebet. Bleiben Sie im Gespräch mit Gott. Jede Freundschaft will gepflegt werden, auch die Gemeinschaft mit Gott.

● Versuchen Sie das christliche Leben nicht aus eigener Kraft zu leben, sondern leben Sie fröhlich und zuversichtlich aus der Kraft des Heiligen Geistes. Nehmen Sie täglich die Vergebung in Anspruch, die Ihnen in Jesus Christus zugesprochen ist.

● Christsein ist keine Privatsache. Suchen und pflegen Sie den Kontakt mit anderen Christen.

● Behalten Sie Ihren Glauben nicht für sich, sondern lassen Sie andere Menschen an Ihrem neugefundenen Leben mit Christus teilhaben.

● Setzen Sie die Gaben, die Gott Ihnen gegeben hat, für das Wohl anderer Menschen ein. Denn Glaube und Liebe sind eine Einheit.

Die Bedeutung der christlichen Gemeinde

Die Bibel bezeichnet die christliche Gemeinde als Leib Christi. Die einzelnen Gläubigen sind die Glieder dieses Leibes, sein Haupt ist Christus. Die Glieder sind verschiedenartig und ergänzen sich gegenseitig. Jeder Christ braucht die Ergänzung durch den anderen. Schließen Sie sich deshalb einer christlichen Gemeinde an. Nehmen Sie aktiv am Gottesdienst und am Gemeindeleben teil.